Siegfried von Kortzfleisch, Ralf Meister-Karanikas (Hrsg.)
„Räumet die Steine hinweg"

Siegfried von Kortzfleisch, Ralf Meister-Karanikas (Hrsg.)

„Räumet die Steine hinweg"
Beiträge zur Absage an die Judenmission

E.B.-Verlag Hamburg

Die Deutsche Bibliothek - CIP-Einheitsaufnahme

„Räumet die Steine hinweg" : Beiträge zur Absage an die Judenmission / Siegfried von Kortzfleisch ; Ralf Meister-Karanikas (Hrsg.). - Hamburg : EB-Verl., 1997

ISBN 3-930826-32-1

Copyright © E.B.-Verlag Hamburg, Hamburg 1997
Druck und Bindung: Druckerei ROSCH-BUCH, Scheßlitz
Printed in Germany

Inhalt

Vorwort 7

Berndt Schaller
"Judenmission" und Neues Testament
Die Rolle biblischer Texte im Streit über Auftrag oder Absage 10

Erich Zenger
Die Bibel Israels - Absage an die Christianisierung des sogenannten Alten Testaments 36
I. Nach der Schoa muß die Christenheit ihr „Altes Testament" anders lesen 36
1. Das ungeklärte Verhältnis des Christentums zur Bibel Israels 36
2. Die fatalen Folgen der Christianisierung der Bibel Israels für die Juden 47
3. Das neue Verhältnis der Kirchen zum Judentum 52
II. Eckdaten eines neuen Umgangs mit der Bibel Israels 57
1. Fundament des Christentums 57
2 Auslegungshorizont des neuen Testaments 58
3. Altes Testament oder Erstes Testament? 60
4. Der spannungsreiche Dialog der beiden Teile der *einen* christlichen Bibel 63
III. Wie also soll die Kirche die Bibel Israels heute lesen? 67
1. Als Gottes-Wahrheit über die Juden 67
2. Als Buch vom Neuen Bund 68
3. Als Gottes-Botschaft auch an uns Christen, die im Neuen Testament nicht oder *so* nicht enthalten ist 70
4. Einübung als Weggemeinschaft mit den Juden 75

Henneke Gülzow
Der schmerzhafte Prozeß der Trennung zwischen Christen und Juden im Altertum 78
1. Die Verhältnisse im Mutterland 81
2. Das Schicksal des Judenchristentums 84
3. Die sozialen Gegebenheiten des synagogalen Auslandsjudentums in der urbanen Mittelmeerwelt 87
4. Die Ausbreitung des Christentums auf Kosten des Judentums und der Konflikt mit den Synagogen 90
5. Antiker und christlicher Antijudaismus 95

Tiemo Rainer Peters
Die Katholische Kirche und der Holocaust
Erkanntes und Verdrängtes   99
I. Der Holocaust   100
II. Erkanntes   103
III. Verdrängtes   113

Klaus Schäfer
Die Evangelische Kirche und das Judentum seit 1945   119
Die Aufgabe: Bericht über einen Lernprozeß   120
Überblick: Wegweisende Zeichen im Lernprozeß   121
Neue Einsichten im kirchlichen Lernprozeß   123
1.Erkenntnis: Christliche Mitschuld an der Schoa   123
2.Erkenntnis: Antijudaistische Grundstruktur christlicher Theologie   127
3.Entdeckung: Die bleibende Erwählung Israels   130
4.Entdeckung: Gemeinsames, nicht Trennendes   134
5.Entdeckung: Christliche Theologie vor neuen Fragen   137
6.Entdeckung: Die Problematik der sog. Judenmission   142
Christliches Zeugnis heute   155

Dokumentation
Absage an die Judenmission   157

Autorenverzeichnis   162

Vorwort

Am Anfang fiel ein Stein ins Wasser, und der zog Kreise. In Hamburg tauchte die „Absage an die Judenmission" auf, beschlossen und veröffentlicht vom Vorstand der Gesellschaft für christlich-jüdische Zusammenarbeit in Hamburg im Februar 1995. Der knappe Text richtete sich zunächst vor allem an die Kirchen in der Region, fand aber sehr rasch ein Echo in ganz Deutschland. Im Mai 1995 machten sich alle 76 Gesellschaften für christlich-jüdische Zuammenarbeit in Deutschland die Erklärung dem Inhalt nach zu eigen. Der „Deutsche Koordinierungsrat", dem alle Gesellschaften angehören, wurde beauftragt, Gespräche darüber mit den großen Kirchen auf hoher Ebene zu führen.

Während sich die Vorbereitungen dazu allmählich festzufahren schienen, haben einige verantwortliche christliche Stimmen bereits unmißverständlich der „Absage" zugestimmt. So etwa die Hamburger lutherische Bischöfin Maria Jepsen. Soweit zu erkennen, teilt sie auch die Position, eine Absage an die Judenmission sei theologisch zu begründen und nicht lediglich historisch unter Hinweis auf die Last des Holocaust und des christlichen Antijudaismus.

Zögernd meldete sich auch Widerspruch. Er kam nicht von offiziellen kirchlichen Stellen, sondern von Gruppen, die der protestantischen Rechten zuzurechnen sind oder ihren Platz außerhalb der verfaßten Kirche haben. Sie vertraten die These, Absage an die Judenmission sei eine Absage an die Mission überhaupt, was jedenfalls die Autoren der Hamburger „Absage" bestreiten. Es sieht so aus, als wenn sich in einigen konservativen oder evangelikalen Kreisen derzeit eine Koalition für Judenmission bildet, deren Kräfte freilich, gemessen am Potential der großen Kirchen, schwach sind. Immerhin, diese Gruppen entwickeln für ihre Absichten eine zynische Strategie. Die Befürworter der Judenmission erkennen - widerwillig? - das Schulderbe der Christen an, aber sie rechnen damit, daß bekehrte Juden das tun, worauf sie selber verzichten. Sie erwarten aktive Judenmission von Judenchristen (oder von den „charismatischen messianischen Juden") und sind bereit, die Kosten zu tragen.

Zustimmung und Widerrede zur „Absage an die Judenmission" - beides legte es nahe, einige Theologen und Historiker zu bitten, den diskutierten Problemen noch einmal gründlich historisch, exegetisch und systematisch nachzugehen. So entstand die Reihe der Vorträge, die wir in diesem ökumenischen Band dokumentieren. Sie werden natürlich von den Vortragenden inhaltlich verantwortet und bieten keine - wie auch immer - offiziellen Stellungnahmen. Die Autoren der Hamburger „Absage" können jedoch ein hohes Maß an Übereinstimmung mit ihrer Erklärung konstatieren. Alle Befürworter von Mission unter Juden werden sich, wenn sie ihre Position ernsthaft begründen wollen, damit auseinandersetzen müssen.

Am Anfang, als die Hamburger Erklärung diese Runde der Debatte um Judenmission auslöste, wandten manche ein: Warum tut ihr das, das Problem stellt sich doch gar nicht mehr, Judenmission findet nicht statt. Jahrzehntelang entsprach das den Tatsachen. Doch in den letzten Jahren hat sich die Lage geändert. Den Anstoß dazu gab der Zustrom von jüdischen Immigranten aus den Ländern der früheren Sowjetunion. Einige evangelikale und nichtkirchliche christliche Gruppen sahen ihre Chance. Sie nutzten die Schwierigkeiten der Immigranten, deren religiöse Bildung oft gering ist und denen das Einleben in der fremden Welt noch schwerfällt, aus, um sie in ein christliches Milieu zu ziehen. Berichte besagen: Die neuen Judenmissionare machen sich an ihre Opfer mit allen, zuweilen geradezu konspirativen, Tricks heran. Der Rat der Evangelischen Kirche in Deutschland hat sich 1996 eindeutig gegen das Ausnutzen von Notlagen der jüdischen Zuwanderer gestellt; doch wird diese Äußerung kaum jene eifrig missionierenden Gruppen beeindrucken, die außerhalb der offiziellen Kirchen leben. Das spricht dafür, die Debatte fortzuführen, sie vielleicht sogar zu verstärken.

Es geht dabei nicht um ein Problem am Rande. Quantitativ mag Judenmission, jedenfalls in Deutschland, auch weiterhin gering sein. Von sehr viel größerem Gewicht sind die Wirkungen auf das gewandelte positive Verhältnis von Christentum und Judentum, das in den vergangenen Jahrzehnten wie eine zarte Pflanze gewachsen ist; denn es ist ja nicht zu leugnen: Judenmission stellt potentiell die Existenz des Judentums überhaupt in Frage.

Vor allem aber müssen sich die Christen der Einsicht stellen, daß sie ihren Glauben nicht überzeugend begründen und nicht glaubwürdig machen, wenn sie zuvor dem Judentum, aus dem das Christentum stammt, völlig die Wahrheit streitig machen. Judenmission ist der Hinweis auf eine tiefsitzende Schwäche des Christentums. Es sollte die Christen nicht ruhen lassen, die alten antijüdischen Gewohnheiten im Kopf und in den Herzen zu revidieren. Dieser Band soll dabei helfen.

Als Titel haben wir die Losung gewählt, die im Jahre 1997 auch für die Woche der Brüderlichkeit ausgerufen worden ist: „Räumet die Steine hinweg". Das Zitat aus dem Buch des Propheten Jesaja (62,10) sagt treffend, was wir bemerken möchten: Es sind Steine aus dem Weg zu schaffen, Steine, die zwischen Juden und Christen liegen. Manche sind, seit dem Altertum und bis in die Gegenwart hinein, immer wieder sogar absichtsvoll in den Weg gerollt worden. Das sollte, um eines glaubwürdigen Christentums willen, ein Ende haben.

Siegfried von Kortzfleisch   Ralf Meister-Karanikas

„Judenmission" und Neues Testament

Die Rolle biblischer Texte im Streit über Auftrag oder Absage
Berndt Schaller

„Absage an die Judenmission"! Unter dieser Überschrift hat der Vorstand der Gesellschaft für christlich-jüdische Zusammenarbeit in Hamburg eine Erklärung veröffentlicht, die „alle christlichen Kirchen in Hamburg ... dazu (auffordert), sich eindeutig neben die in unserer Mitte lebenden Juden und jüdischen Gemeinden zu stellen und öffentlich zu erklären, daß eine 'Mission unter Israel' mit dem christlichen Glauben nicht zu vereinbaren ist." Diese Erklärung hat seither zwar nicht gerade Furore gemacht, aber doch eine gewisse Resonanz ausgelöst. Die allgemeine Öffentlichkeit hat sie zwar kaum zur Kenntnis genommen, aber in kirchlichen und auch in theologischen Kreisen sowie darüberhinaus im Bereich der Gesellschaften für christlich-jüdische Zusammenarbeit ist das damit angesprochene Thema mehrfach aufgenommen worden. Noch kurz vor Weihnachten hat selbst das „Das Sonntagsblatt" sich dessen angenommen. Auf einer ganzen Seite wurde in Pro und Contra die Frage „Juden missionieren ?" traktiert. Und ähnliches spielte sich auch z.B. in der Evangelischen Zeitung der Hannoverschen Landeskirche ab.

Für diejenigen, die sich in der Szene auskennen, kommt das nicht von ungefähr - gleichsam aus heiterem Himmel. Das Thema „Judenmission" hat seit den 50er Jahren in Kirche und Theologie im Zusammenhang mit den Bemühungen, die Beziehungen zum Judentum zu überdenken und neu zu gestalten, immer wieder eine Rolle gespielt, und z.T. ist es dabei Gegenstand heftiger Auseinandersetzungen gewesen. Ich nenne nur drei besonders herausragende Ereignisse: 1. den Streit bei und nach den Kirchentagen

1961, 1963 und 1965, auf denen erstmals der traditionellen Judenmission eine Absage erteilt wurde, 2. die Protestwoge, die die Synode der Evangelischen Kirche im Rheinland 1980 auslöste, indem sie in ihrem „Beschluß zur Erneuerung des Verhältnisses von Christen und Juden" mit Nachdruck der Überzeugung Ausdruck gab, „daß die Kirche ihr Zeugnis dem jüdischen Volk gegenüber nicht wie ihre Mission an die Völkerwelt wahrnehmen kann", und 3. die Reaktionen innerhalb und außerhalb des „Evangelisch-lutherischen Zentralvereins für Mission unter Israel", als diese 1871 gegründete Hauptgruppierung judenmissionarischer Bewegung und Ausrichtung innerhalb der evangelischen Kirchen in Deutschland 1985 den Beschluß faßte, das Wort „Mission" im Vereinsnamen zu tilgen und als Funktionsbeschreibung die Bezeichnung „Zeugnis und Dienst unter Juden und Christen" zu wählen.

Immerhin, seit dieser Umbennung konnte man den Eindruck haben, als ob im Bereich unserer evangelischen Kirchen „Judenmission" als akutes Problem ausgedient hätte. „Judenmission" schien weder ein brennendes Thema noch gar länger ein heißes Eisen zu sein. Zwar kam es im Raum der Hannoverschen Kirche 1993 nochmals zu einer Kontroverse in dieser Sache, ausgelöst durch den Vertreter der Göttinger Theologischen Fakultät in der Landessynode, aber das ist gesamtkirchlich gesehen eher untypisch; und selbst der betreffende Theologe hatte - subjektiv wenigstens - nicht beabsichtigt, erneut eine judenmissionarische Bewegung zu etablieren.

Und nun steht plötzlich das Thema „Judenmission" doch wieder im Gerede und zur Debatte.

Was ist da im Spiel, was steht da auf dem Spiel? Welchen Anlaß gibt es eigentlich, sich erneut in dieser Sache Gedanken zu machen oder gar zu ereifern? Wieso ist das eine drängende und dringende Aufgabe? Könnte es sich u.U. gar um eine bloß künstlich aufgeblähte, weithin theoretische Angelegenheit handeln?

Gemessen am Interesse der allgemeinen Öffentlichkeit kommt man kaum darum herum, von einem abseitigen Thema zu sprechen. Sich um Judenmission zu kümmern oder gar zu streiten, ist für die meisten Zeitgenossen nicht von Belang. Freilich besagt das noch nicht alles. Auch Themen, die öffentlich nicht oder wenig beachtet werden, können durchaus ihr Gewicht haben, sei es, daß sie nur eine spezifische Gruppe angehen, sei es, daß sie in ihrer Brisanz noch nicht allgemein erkannt worden sind.

Also nochmals: Was steckt dahinter, daß das Thema „Judenmission" plötzlich wieder unter uns als Stichwort, als Schlagwort und als Reizwort gehandelt wird? Wenn ich recht sehe, spielen zwei Faktoren eine entscheidende Rolle. Es gibt einen konkreten, aktuellen Anlaß und es gibt einen generellen, prinzipiellen Beweggrund.

Der aktuelle Anlaß ist durch die Tatsache gegeben, daß seit 1990 in größerem Umfang jüdische Emigranten aus den GUS-Staaten und anderen Staaten Osteuropas in die Bundesrepublik kommen und durch sie die jüdischen Gemeinden vor erhebliche Probleme gestellt sind. Neben der sozialen und kulturellen Integration dieser Zuwanderer bereitet namentlich auch ihre religiöse Identität und Identifikation beträchtliche Schwierigkeiten, da bei vielen von ihnen - durch 70 Jahre kommunistisch-stalinistischer Herrschaft bedingt - jüdischer Glaube, jüdische Lebensformen und jüdisches Wissen nur noch höchst beschränkt oder überhaupt nicht mehr vorhanden sind. Und in dieser Lage müssen die jüdischen Gemeinden und ihre Organisationen erleben, daß christliche Kreise sich dieser Menschen annehmen und dabei nicht nur soziale Hilfestellung leisten, sondern zugleich deren Entfremdung von der eigenen Glaubenstradition missionarisch ausnutzen. So hat z.B. der sogenannte „Evangeliumsdienst für Israel", eine in

Süddeutschland beheimatete Organisation, 1994 eine regelrechte Kampagne gestartet mit dem erklärten Ziel, diese nach Deutschland kommenden jüdischen Emigranten zu missionieren und zu evangelisieren. Und auch von anderen evangelistischen Gruppen und Grüppchen war ähnliches zu vernehmen.

Damit war „Judenmission" wieder ein aktuelles, ein akutes Thema. Zu Wort meldeten sich namentlich die betroffenen jüdischen Gemeinden und ihre Repräsentanten. In der „Allgemeinen Jüdischen Wochenzeitung" erschien am 20. Oktober 1994 unter der Überschrift „Nepper, Schlepper, Missionare" ein Artikel, in dem kein geringerer als der für seine Bemühungen um den christlich-jüdischen Dialog allseits bekannte Rabbiner Nathan Peter Levinson sich diese Aktivitäten vornahm und sie als neue „christliche Proselytenmacherei" anprangerte. Was ihn besonders erregte, war, daß hier nicht nur die ungefestigte Situation der Zuwanderer ausgenutzt wurde, sondern vor allem, daß dies auch noch mit der Begründung geschah, auf diese Weise sei dem deutschen Volk und den Christen Gelegenheit gegeben, „der Unheilsgeschichte während des Dritten Reiches eine Epoche des Segens folgen zu lassen".

Ebenfalls in der „Allgemeinen Jüdischen Wochenzeitung" brachte kurz darauf - am 17. November 1994 - auch der Württembergische Landesrabbiner Joel Berger seine Betroffenheit über die neuauflebenden judenmissionarischen Aktivitäten in einem längeren Leitartikel zum Ausdruck. Für ihn wogen diese Vorfälle so schwer, daß er sich daran machte, dem christlich-jüdischen Dialog eine Absage zu erteilen oder zumindest ihn in Frage zu stellen. Vor allem dieses Votum hat Aufsehen erregt und für einige Aufregung gesorgt. Das Thema „Judenmission" hätte ohne diese Reaktionen in und aus den jüdischen Gemeinden wohl kaum wieder Beachtung gefunden.

Es gibt neben und über den aktuellen Anlaß hinaus noch einen generellen, grundsätzlichen Beweggrund für die Aufmerksamkeit für dieses Thema. Sieht man genauer hin, so zeigt sich nämlich, daß die erwähnten judenmissionarischen Aktivitäten weder besonders umfangreich noch besonders erfolgreich waren. Es sind kleine und kleinste Splittergruppen, die sich hier betätigen, fromme Gruppen, Konventikel, die mit den großen Kirchen nichts oder nur ganz am Rande etwas zu tun haben. Aber nicht nur das. Eine vom Koordinierungsrat in Bad Nauheim bei den ihm angeschlossenen Gesellschaften für christlich-jüdische Zusammenarbeit und auch bei den jüdischen Gemeinden durchgeführte Umfrage hat - abgesehen vom Württembergischen Bereich - weithin nur Fehl- oder Nicht-Anzeigen ergeben.

Daß die jüdischen Gemeinden auch auf kleinste Vorgänge dieser Art höchst sensibel reagieren - von wem immer sie ausgehen mögen - ist verständlich; denn für Juden und Jüdinnen ist „christliche Mission" im kollektiven Bewußtsein „entscheidend verbunden mit der Erinnerung an gewaltsame Unterdrückung, zwangsmäßig durchgeführte oder gesellschaftlich aufgenötigte Übertritte." Aber das erklärt schwerlich, warum „Judenmission" als Diskussions- und Streitthema innerhalb der Kirchen und in christlich-jüdischen Gesprächkreisen nun plötzlich wieder so virulent ist. Hier muß über den aktuellen Auslöser hinweg innerchristlich ein Nerv getroffen worden sein. Und in der Tat, in der Auseinandersetzung um „Judenmission" geht es um ein binnenchristlich theologisch höchst brisantes Thema, in ihr steht christliche Identität auf dem Prüfstand. Das spiegelt sich einmal in der vielfach emotionsgeladenen Art wider, mit der diese Auseinandersetzung geführt wird, das kommt aber vor allem auch inhaltlich in den Streitbeiträgen zur Sprache; in schlichter Form z.B. in der Äußerung, Christenmenschen dürften doch das Beste, was sie hätten, nicht für sich behalten, theologisch geballter z.B. in dem Hinweis auf die missio Dei, den Sendungsauftrag Gottes, dem die

Kirche ihre Existenz verdankt, und der darin besteht, alle Menschen „an dem teilhaben zu lassen, was für die Christen das Wertvollste ist: die Botschaft von Kreuz und Auferstehung Christi als Ansage von Gericht und Heil für die Welt" (Strecker, LM 32, 1993,27). Gewiß, in dem Streit um „Judenmission" geht es nicht um eine Nebensache christlichen Glaubens, es geht um ein Kern- und Hauptstück. Das ist offensichtlich. Und ebenso offensichtlich ist, daß wir in unseren Kirchen - das gilt für die evangelische Seite ebenso wie für die katholische - bei allen Bemühungen, „nach Auschwitz" das Verhältnis der Christenheit zur Judenheit theologisch neu zu überdenken und praktisch neu zu gestalten, es noch nicht geschafft haben, in Sachen „Judenmission" zu einer wirklichen und umfassenden Klärung zu gelangen. Selbst der eingangs erwähnte Synodalbeschluß der Evangelischen Kirche im Rheinland, der immer wieder als Beispiel der Absage an die „Judenmission" zitiert wird, ist in sich nicht ganz eindeutig. Kritiker werfen ihm sogar vor, „Judenmission" gar nicht auszuschließen, sondern im Grunde nur anders zu artikulieren.

Die Unsicherheiten und Uneindeutigkeiten, die hier bestehen, und die daraus erfolgenden Irritationen hängen z.T. sicherlich mit Unklarheiten und Unschärfen im Begriff „Judenmission" zusammen. Der Begriff ist ein Reizwort, er dient als Stich- und Schlagwort und erfüllt damit in erster Linie eine polemische Funktion. Als Leitwort taugt er nur begrenzt. Er ist ein belasteter Begriff, belastet durch die Geschichte jüdischer Erfahrung von sozialer Ausgrenzung und Unterdrückung, von existentieller Bedrohung, Verfolgung und Vernichtung in der christlichen Welt unter dem Vorzeichen christlicher Botschaft. „Judenmission" ist dadurch diskreditiert, selbst wenn sich nachweisen läßt, daß viele Vertreter realer „Judenmission" gar nicht draran beteiligt waren und sie ihre christliche Mission an Israel nicht als Dienst gegen, sondern für Israel verstanden haben. Angesichts dieser Belastung war es sicherlich sinnvoll, das Schlag- und Reizwort „Judenmission" gleichsam aus dem Verkehr zu ziehen. Aber das Sachproblem ist damit noch nicht erledigt. Die Frage ist, wie die Kirche mit ihrer Botschaft des Evangeliums sich gegenüber Israel verhält, wie Christen und Christinnen mit ihrem Glauben an Jesus als dem Christus Juden und Jüdinnen begegnen.

Darauf eine ebenso klare wie begründete Antwort zu geben, ist nicht einfach. Mit bloßen Parolen ist wenig geholfen; auch - ich sage das sehr bedacht und bewußt - die Parole „Absage an die Judenmission" reicht nicht aus. Herauszufinden, wie christlicher Glaube in der Begegnung mit Juden und Jüdinnen bewahrt werden und sich bewähren kann, das ist ein mühsamer Weg. Zu diesem Weg gehört, daß die eigenen Positionen gründlich überdacht und unter Umständen überholt werden. Dazu gehört - namentlich im Raum evangelischer, reformatorischer Kirchen und Theologie -, daß die biblischen Grundlagen befragt werden. Und das möchte ich im folgenden versuchen.

Nach den biblische Grundlagen fragen, heißt nicht: biblische Sätze einfach in den Raum stellen, sie unbesehen als Beweissätze vorzuführen. Das ist zwar ein gern und oft angewandtes Verfahren, aber dieses Verfahren, sich so auf die „Fundamente" zu berufen, trägt zu Klärung nicht bei, auch dann nicht, wenn ansonsten auf kritische Rationalität so bedachte Theologen sich derart „fundamentalistisch" gebärden.

Die aus gutem Grund so benannte „Heilige Schrift" ist kein Rezeptbuch, aus dem man Worte einfach herausklauben kann, um ein Menü anzurichten. Die Worte der Heiligen Schrift sind Zeugnisse lebendigen Glaubens und d.h. Zeugnisse geschichtlich bestimmten und ausgerichteten Glaubens. Als solche sind sie durchaus maßgeblich - sie geben ein Maß des Glaubens an, setzen Maßstäbe des Glaubens -, aber sie ersetzen das Nachdenken über den eigenen Glauben und seine Bewährung in der eigenen, ebenso geschichtlich bestimmten und damit veränderten Zeit nicht.

Unter dieser Prämisse möchte ich den Versuch machen, die biblischen, d.h. im wesentlichen die neutestamentlichen Texte unter die Lupe zu nehmen, die in der Auseinandersetzung um „Judenmission" die Argumentation bei den Befürwortern und bei den Bestreitern bestimmen. Ich kann natürlich nicht auf alles und jedes eingehen, ich konzentriere mich auf die Haupttexte.

Sieht man sich in den Voten zur Sache um, dann stößt man immer wieder auf zwei Texte, die gleichsam als Schibboleth benutzt werden: Das sind der sogenannte Missionsbefehl am Ende des Matthäusevangeliums, Mt 28,18-20, und das Summarium über die Missionstätigkeit der Apostel zu Beginn der Apostelgeschichte, AG 1,8. Zu diesen beiden Texten gesellen sich dann gelegentlich noch ein paar andere, in denen in ähnlicher Weise von der universalen Verbreitung des Evangeliums die Rede ist: z.B. Mk 16, 15f. und Lk. 24, 47.

1. Nach Matthäus ist es das letzte Wort des auferstandenen Christus an seine 11 Jünger, gesprochen auf einem Berg in Galiläa, wohin Jesus sie beschieden hatte.

„Jesus trat hinzu, redete mit ihnen und sprach: Mir ist alle Macht gegeben im Himmel und auf Erden. Darum gehet hin und machet zu Jüngern alle Völker und taufet sie auf den Namen des Vaters und des Sohnes und des Heiligen Geistes und lehret sie alles halten, was ich euch befohlen habe." (Mt 28.18-20)

Dies ist der Grundtext aller weiteren christlichen Missionstätigkeit, auch wenn der Begriff „Mission" selbst in ihm nicht fällt. Der auferstandene Christus gibt seinen Jüngern einen dreifachen Auftrag: 1. sie sollen weiter für Jünger sorgen, 2. sie sollen diese taufen und 3. auf die Worte Jesu verpflichten.

In der Perspektive dieses Auftrags stehen „alle Völker", griechisch: panta ta ethne. „Macht zu Jüngern alle Völker." Bereits auf den ersten Blick scheint hier alles klar. Jüngerschaft, Taufe und Lehre Jesu sind allen Völkern zugedacht. Daß Juden davon ausgenommen sind, davon ist augenscheinlich nicht die Rede. Und insofern ist es nur zu verständlich, daß dieser Text nicht nur als die „magna charta" christlicher Mission überhaupt gilt, sondern mit ihr auch die christliche Zeugenschaft gegenüber Juden begründet wird. Das scheint so eindeutig, daß es weithin üblich geworden ist, dies als exegetisch gesicherte Grundaussage auszugeben. Aber davon kann bei genauem Hinsehen nicht die Rede sein. Wieso?

Das hängt mit dem biblischen Sprachgebrauch zusammen. In den Heiligen Schriften Israels, dem, was wir Christen Altes Testament nennen, wird nicht nur der Begriff „Völker" (hebräisch: gojjim, griechisch: ethne) durchgehend auf die „Weltvölker", die sogenannten „Heiden" bezogen verwendet, sondern nahezu durchgehend auch die umfassende Bezeichnung „alle Völker" (hebräisch: kol ha-gojjim, griechisch: panta ta ethne). „Alle Völker" das meint im biblisch-alttestamentlichen Sprachgebrauch „alle Welt-Völker" mit Ausnahme des erwählten Volkes, Israel. Bereits die ersten Texte der Bibel, in denen von „allen Völkern" gesprochen wird, liefern dafür höchst beredte Beispiele: Gen 18,18 heißt: „Abraham soll ein großes und starkes Volk werden und alle Völker der Erde werden sich mit seinem Namen Segen wünschen." Und das wird fast wörtlich in Gen 21,18 wiederholt: „mit dem Namen deines Stammes werden sich Segen wünschen alle Völker der Erde". Dieser exklusive Sprachgebrauch, d.h. Israel nicht einschließende Sprachgebrauch, ist geradezu ein Kennzeichen biblischer Sprachgewohnheit. Es gibt kaum ein biblisches Buch, in dem er nicht vorkommt. Und auch im nachbiblischen Judentum ist er in der gleichen Weise greifbar (vgl. Test XII passim: Sim 7,2; Levi 4,48; 14,1.4; 15,1; Jud 22,2; etc.;

PsSal 9,9; 17,34;). Nun ist das noch kein Beweis dafür, daß auch der Evangelist Matthäus diesen biblisch geprägten Sprachgebrauch übernommen hat. Aber der Umstand, daß Matthäus nicht nur jüdischer Herkunft ist, sondern diese Herkunft sich in seinem Evangelium sachlich wie sprachlich gerade in der Aufnahme biblischer Motive und Wendungen niedergeschlagen hat, macht dies zumindest recht wahrscheinlich. Sieht man sich in seinem Evangelium sonst um, dann stößt man auf folgenden Befund: Der Begriff „Völker" (griechisch ethne) wird wie im Alten Testament durchgehend für die nichtjüdischen Völker, die „Heiden" benutzt. Bezeichnend ist dafür vor allem das für unsere Fragestellung durchaus bedeutsame Jesuswort in der Aussendungsrede Mt 10, in dem den Jüngern von Jesus ausdrücklich verboten wird, „auf eine Straße der Völker oder in eine Stadt der Samaritaner" zu gehen." (V.5) Gewöhnlich benutzt Matthäus den Begriff „Völker" (ethne) einfach, ohne den Zusatz „alle", wie das biblisch-jüdisch gängig ist. Immerhin an 4 Stellen kommt „alle Völker" bei ihm vor, eigentümlicherweise gegen Ende seines Evangeliums, neben Mt 28,19 noch Mt 24,9.14 und 25,32. Und hier fängt die Sache nun an, schwierig zu werden. In den genannten Texten ist der Befund nämlich an keiner Stelle ganz eindeutig. In allen drei Fällen kann „alle Völker" sowohl exklusiv wie inklusiv gemeint sein, Israel einbeziehend oder ausschließend. So bedauerlich das ist, als Exeget kann ich keine andere Auskunft geben. D.h.: Ob man den sogenannten „Missionsbefehl" am Ende des Matthäusevangeliums auch als Auftrag zur „Judenmission" verstehen kann oder gar muß, ist zumindest unsicher.

Sicher ist freilich, daß Matthäus keineswegs der Meinung war, die Botschaft Jesu vom Reich Gottes ginge die jüdischen Zeitgenossen nichts an, sondern nur die Weltvölker. Das eben bereits erwähnte Jesuswort aus Mt 10 läuft gerade in die andere Richtung; es spricht sogar ausdrücklich davon, daß Jesus seinen Auftrag und seine Botschaft ausschließlich für Israel hat gelten lassen: Die Warnung an die Jünger, auf die Straße der Heiden zu gehen, schließt mit der Aufforderung „geht vielmehr zu den verlorenen Schafen des Hauses Israel". Und in dieselbe Richtung weist auch ein anderes Jesuswort, das Matthäus im Rahmen der Geschichte der Begegnung Jesu mit einer Heidin erwähnt. Nach Mt 15,24 fertigt Jesus die heidnische Frau, die sich mit der Bitte um Hilfe an ihn wendet, mit dem Argument ab: „Ich bin nur zu den verlorenen Schafen des Hauses Israel gesandt." Wer aus diesem Befund, aus der spezifischen, ja exklusiven Sendung Jesu und seiner Jünger an die verlorenen Schafe des Hauses Israel, nun flugs folgert, daß Matthäus selbst sich für judenmissionarische Aktivitäten eingesetzt hat, ist freilich erneut auf einem Holzweg. Wenn nicht alles täuscht, war der Evangelist Matthäus selbst der Meinung, die Zeit, da die Botschaft Jesu den verlorenen Schafen des Hauses Israel gegolten habe und angeboten worden sei, sei abgelaufen. Für diese radikale Sichtweise spricht vor allem die Art und Weise, in der Matthäus das aus dem Markusevangelium übernommene Gleichnis von den Weingärtnern umgeformt und zugespitzt hat (Mt 21.33-44): Das Gleichnis erzählt von einem Weinbergbesitzer, der seinen Weinberg verpachtet hat und der erlebt, daß, als er die Pacht eintreiben will, seine Abgesandten geschlagen, ja sogar getötet werden. Der daraufhin sogar seinen Sohn aussendet und wieder erleben muß, daß man auch diesen umbringt, und der daraufhin gegen die Pächter vorgeht und ihnen den Weinberg nimmt. Dieses Gleichnis, das in deutlicher Anlehnung an das Weinberglied in Jes 5,1-7 formuliert ist, dient bei Matthäus als Allegorie, um die Verwerfung Israels als Gottesvolk und den Übergang seiner Erwählung zur Kirche zu veranschaulichen. Mit dem Weinberg ist Israel gemeint. Der Weinbergbesitzer ist Gott und die Pächter sind die Führer Israels als seine Repräsentanten, die Boten sind die Propheten, der Sohn als letzter Bote ist Christus. Für seine Tötung werden die Weinbergpächter bestraft. Die Botschaft des Gleichnisses lautet nach Matthäus: Der Weinberg, d.h. die Erwählung als Gotteseigentumsvolk wird den bisherigen Pächtern genommen und anderen Pächtern übergeben oder, wie Matthäus es am Schluß zusammenfassend formuliert: „das Reich Gottes wird ihnen genommen und einem Volk übergeben, das seine Früchte bringt". Im Verständnis des Matthäus ist dieses Volk die Kirche, und zwar die Kirche, die sich wesentlich aus den Völkern, aus den Heidenvölkern, rekrutiert. Für Matthäus hat das Judentum seinen Anspruch, Israel, Gottes Volk, zu sein, verwirkt, und an seine Stelle ist die Kirche getreten. Gewiß können einzelne Juden auch zur Kirche gehören, Matthäus selbst ist ein solcher Fall, aber das Judentum als ganzes steht unter dem Verdikt der Verwerfung. Es hat keine heilsgeschichtliche Bedeutung und Zukunft mehr. Und angesichts dessen ist es höchst fraglich, daß der universale Missionsbefehl im Sinne des Matthäus die Juden seiner Zeit noch mit einschließt. Es spricht alles dafür, daß Matthäus - ähnlich wie Paulus in 1. Thess 2,15 - der Meinung war, daß das Judentum seiner Zeit wegen der Ablehnung und Tötung Jesu endgültig dem endzeitlichen Gericht Gottes ausgeliefert war. D.h. bei genauem Zusehen entpuppt sich der Evangelist Matthäus als radikaler Vertreter antijüdischer Enterbungstheologie. Daß diese Enterbungstheologie vermutlich ein Reflex ist auf die Ausgrenzung, ja Ausstoßung des Matthäus und seiner Gemeinde aus dem Verband der jüdischen Gemeinden, ist recht wahrscheinlich. Aber das macht sie für uns nicht genießbarer.

Angesichts all dessen bleibt es - um der exegetischen Genauigkeit und der theologischen Verantwortung willen - ein höchst zweifelhaftes Verfahren, wenn heute der Auftrag zur universalen Mission bei Matthäus zur Grundlage eines Juden und Jüdinnen ohne weiteres einschließenden Zeugnisauftrages erklärt wird.

2. Wenden wir uns dem zweiten Haupttext zu, der im Rahmen der uns beschäftigenden Frage häufiger ins Feld geführt wird. Es ist ein Text aus dem Anfang der Apostelgeschichte des Lukas: AG 1,8.

Die Situation, in die dieser Text gehört, ist ähnlich wie die Situation in Mt 28: Erzählt wird die Begegnung des auferstandenen Christus mit den Aposteln. Anders als bei Matthäus ist das Geschehen in Jerusalem lokalisiert und anders als bei Matthäus enthalten die letzte Vermächtnisworte Jesu keinen direkten Sendungsauftrag, sondern sie sind in der Form einer Verheißung gekleidet. Der an die Adresse der Apostel gerichtete Text lautet:

„Ihr werdet Kraft empfangen, wenn der heilige Geist über euch kommt, und ihr werdet meine Zeugen sein in Jerusalem und in ganz Judäa und Samarien und bis an das Ende der Welt."

In dem im Raum der Hannoverschen Landeskirche vor drei Jahren geführten Streit ist dieser Text betont herangezogen worden als Schriftbeleg dafür, daß „die christliche Kirche ... durch den Missionsauftrag des auferstandenen Christus ... zum Zeugnis gegenüber allen Völkern und Menschen aufgerufen" ist (Votum von 13 Göttinger Mitgliedern der Göttinger Theologischen Fakultät). Daß man ausgerechnet diesen Text und nicht Mt 28,19 angeführt hat, dürfte damit zusammenhängen, daß in ihm nicht das Wort „Taufe", sondern das Wort „Zeugnis" im Mittelpunkt steht. Die Wahl des Textes zu diesem Zweck ist aber keineswegs neu. Er ist in Kreisen der alten Judenmission gern benutzt worden. Ein Beispiel bietet eine Ansprache, die zu Pfingsten 1902 „am Jahrestag des luth(erischen) Centralvereins in Leipzig" unter der Überschrift „Heidenmission und Judenmission" gehalten wurde. Ihr Autor war Gustav Dalman, einer der damals herausragenden Vertreter evanglischer Judenmission, der zugleich aber wegen seiner umfassenden judaistischen Kenntnise auch in jüdischen Kreisen anerkannt war. In dieser Ansprache wird der in der Druckfassung als Motto ausdrücklich vorangestellte Text aus AG 1 benutzt, um den Zusammenhang von Heidenmission und Judenmission zu unterstreichen. „Wie die Heidenmission so die Judenmission. Aus *einem* Befehl sind beide hervorgegangen. Christus sagt: Ihr werdet meine Zeugen sein zu Jerusalem und in ganz Judäa und bis an das Ende der Erde." „Wenn wir wirklich als seine Diener gelten wollen, wird sich das diesem Befehl gegenüber zeigen müssen. Gehorsam treibt uns zur Heidenmission, Gehorsam macht uns zu Judenmissionsfreunden und zu Judenmissionaren."

Was diese wahrhaft große und integre Gestalt im Umkreis der evangelischen Judenmissionbewegung um die Jahrhundertwende äußert, kommt zweifellos aus tiefstem Herzen und ist fern von allen antijüdischen Ressentiments, die gerade in dieser Zeit auch in der Evangelischen Kirche sich breit machten. Wenn heute aber gestandene Theologen und Theologinnen sich dieses Textes in gleicher oder ähnlicher Weise bedienen und ihn als universalen „Missionsauftrag des auferstandenen Christus gegenüber allen Menschen und Völkern" qualifizieren, dann ist dies ein höchst problematisches Verfahren. Eine wissenschaftlich verantwortliche und verantwortbare Theologie kann diesen Text nicht mehr einfach als Wort des auferstandenen Christus ausgeben: ja sie kommt nicht mehr darum herum, davon Abstand zu nehmen, daß die Aussagen dieses Textes ohne weiteres missionstheologisch für die Frage nach Art und Weise des uns aufgetragenen Zeugnisses ausgewertet werden.

Was dieser Text bietet, ist nichts anderes als ein Stück der von Lukas stammenden Geschichtsschreibung und Geschichtsdeutung. Es ist der auch als Verfasser des 3. Evangeliums bekannte Lukas, der sich hier zu Wort meldet und das „Programm und Dispositionsschema" seiner Apostelgeschichte zur Sprache bringt. Es ist der Weg des Christusglaubens und der Christengemeinde, der in Jerusalem und Judäa beginnt (Kap. 1-7), dann nach Samaria führt (Kapitel 8, 9) und schließlich sich ausdehnt in die weitere Welt bis nach Rom (ab Kapitel 10).

Das ist ein Sachverhalt, der in jedem neueren Kommentar zur Apostelgeschichte vermerkt wird: Was AG 1,8 bietet, ist kein unmittelbares Zeugnis der Begegung der Jerusalemer Apostel mit dem auferstandenen Christus, sondern ein Erzeugnis der theologischen Konzeption des Lukas über den Gang des Evangeliums von Jerusalem aus bis ans Ende dieser Welt.

Diese Konzeption verdankt Lukas freilich nicht einem eigenen Einfall, sie hat ihre biblisch-alttestamentlichen Wurzeln. Es ist die Vorstellung, daß am Ende der Tage von Zion, von Jerusalem aus die Botschaft vom Gott Israels bis an die Enden der Erde gelangt. Das ist ein prägendes Motiv der universalen Heilserwartung in der prophetischen Verkündigung Israels. In Jes 49,6 wird der Knecht Gottes angesprochen mit den Worten: „Zu wenig ist es, daß du mein Knecht sein solltest, nur um die Stämme Jakobs aufzurichten und die Geretteten Israels zurückzubringen. So will ich dich denn zum Licht der Völker machen, daß mein Heil reiche bis an das Ende der Erde." Und in Jes 62,11 heißt es: „Siehe, der Herr läßt sich vernehmen bis ans Ende der Erde. Sage der Tochter Zion, siehe dein Heil kommt."

Wenn Lukas dem auferstandenen Christus die Verheißung der von Jerusalem ausgehenden und bis zum Ende der Erde reichenden Zeugenschaft über ihn als dem Knecht Gottes in den Mund legt, dann greift er diese prophetische Verheißung - diese prophetische Verheißung missionarisch-universaler Verkündigung - auf. Und Lukas dürfte damit auch den Hintergrund der zu seiner Zeit - gegen Ende des 1. Jh. - fortgeschrittenen Verkündigungstätigkeit der Christusanhänger innerhalb und außerhalb der Grenzen des römischen Reiches zutreffend erfaßt haben. Und indem er so den Beweggrund der universal ausgerichteten christlichen Missionstätigkeit benannt hat, hat er sicherlich eine Grundlage christlicher Missionstheologie gelegt. Aber eine allgemein für alle weitere Zeiten verwertbare Missionsstrategie hat er damit nicht geliefert.

Ansatzweise wird eine solche Strategie eher erkennbar in der Art, wie Lukas in der Apostelgeschichte konkret den „Zeugendienst" der ersten Christen beschreibt. Das ist zunächst durchgehend eine Angelegenheit in einem durch und durch jüdischen Rahmen. Die Christuszeugen, die Apostel, sind Juden, die von ihnen Angesprochenen sind entweder auch Juden oder sogenannte Gottesfürchtige, d.h. „Heiden", die sich dem Judentum bereits angenähert haben. Und auch der Zeugendienst selbst findet durchgehend in entsprechenden Räumen statt, im Bereich des Jerusalemer Tempels oder in Synagogen. Das triffft selbst für die „Missionstätigkeit" des Paulus zu. Nach Lukas gab es in den Anfängen weder personal noch lokal eine spezifische Verkündigung für „Heiden".

Genau besehen erwähnt Lukas nur eine Ausnahme: das Auftreten des Paulus in Athen mit dem Höhepunkt der Predigt auf dem Areopag (AG 17). Hier wendet sich Paulus unmittelbar an eine heidnische Hörerschaft. Bezeichnenderweise beginnt dabei nach Lukas der Apostel seine Predigt aber nicht wie sonst mit einem Christuszeugnis, er verkündet zunächst den einen Gott als den Schöpfer von Himmel und Erde und den Herrn der Welt, so wie es jeder jüdische Prediger im Blick auf „Heiden" getan hätte und getan hat. Erst ganz am Ende und nur ganz kurz wird der lukanische Paulus „christlich": Er fordert zur Umkehr auf und erwähnt in diesem Zusammenhang das Kommen Christi als des endzeitlichen Richters und seine Auferweckung von den Toten.

In der Darstellung des Lukas ist diese spezifische Heidenpredigt des Paulus eine Ausnahme. In den folgenden Berichten über die weitere Verkündigungstätigkeit spielt sich wieder alles im Raum einer Synagoge und mit einem entsprechenden Publikum ab. Im Ansatz macht Lukas aber damit deutlich, daß der eingangs von ihm erwähnte Zeugendienst der Apostel von Jerusalem bis an das Ende kein „Missionsauftrag" ist, der alle Menschen und alle Völker unterschiedslos und in gleicher Weise betrifft. Es gibt für

Lukas offensichtlich einen spezifischen Unterschied zwischen Heiden und Juden. Aber nicht nur das. Es wäre ihm auch schwerlich eingefallen, daß Heidenchristen auf den Gedanken verfallen könnten, ihrerseits Juden missionieren zu sollen oder zu können. Daß das Christus-Zeugnis der Apostel unter Juden häufig abgelehnt worden ist, hat ihn offensichtlich beschäftigt, aber nicht dazu geführt, verstärkte Missionstätigkeit unter Juden zu propagieren. Im Gegenteil, der Schluß der Apostelgeschichte könnte andeuten, daß er vielleicht ähnlich wie Matthäus der Meinung war, die Zeit der Verkündigung Juden gegenüber sei abgelaufen, und jetzt sei nur noch das Angebot Heiden gegenüber angebracht. Die Apostelgeschichte schließt mit einem Bericht über das Zusammentreffen von Paulus mit Vertretern der jüdischen Gemeinde in Rom. Von jüdischer Seite werden darin alle nur möglichen Einwände gegen Paulus und seine Christusverkündigung zur Sprache gebracht. Paulus bemüht sich, diese zu entkräften, indem er darauf verweist, daß seine Botschaft mit Mose und den Propheten übereinstimmt. Aber das macht nur bei einem Teil Eindruck. „Die anderen blieben ungläubig", heißt es am Schluß. Und die Reaktion des lukanischen Paulus? Er zitiert ein Gotteswort aus dem Buch Jesaja (Jes 6,9f.), in dem die Verstockung des Volkes Israel gegenüber dem Wort Gottes angesagt ist, und fügt dem dann - gleichsam das Fazit ziehend - die Ankündigung hinzu, daß „den Heiden dieses Heil(swort) gesandt worden ist und sie ihm auch Gehör schenken werden." (AG 28,20) Das macht den Eindruck, als ob Lukas im Namen des Paulus hier nicht nur die Trennung der Kirche vom Judentum markieren wollte, sondern auch das Ende der bis dahin gängigen Praxis, die Heilsbotschaft an Juden weiterzugeben.

Ich betone, das eigentümliche Ende der Apostelgeschichte erweckt diesen Eindruck. Da Lukas im Gegensatz zu Matthäus sich an dieser Stelle nur indirekt äußert, ist ein solcher Rückschluß nicht mehr als reine Vermutung.

Deutlich und enstprechend gesichert ist hingegen:

a) Lukas wußte sehr genau, daß christliche Verkündigung und Zeugenschaft nicht allen Menschen und Völkern in ein und derselben Weise gelten, sondern elementare Unterschiede darin bestehen, ob sie an Juden oder reine Heiden gerichtet sind.

b) Für Lukas geht christlicher Zeugendienst entscheidend von Jerusalem, d.h. von christus-gläubigen Juden aus, die zunächst für Juden und dann auch für Heiden die Botschaft von dem Messias des Gottes Israels ausrichten. Daß auch christus-gläubige Heidenchristen für eine Art „Judenmission" zuständig seien, besagt das aber nun gerade nicht. Diese Sicht der Dinge stimmt in der Grundstruktur bemerkenswerterweise mit dem überein, was wir durch die Briefe des Paulus zum Thema Christusverkündigung unter Juden und Heiden erfahren.

3. Durch Paulus erfahren wir zum einen, daß es bereits in der frühen Phase der Formierung der christlichen Gemeinden eine Art „missionarischer" Arbeitsteilung gegeben hat. Bei Paulus wird dann aber auch das brisante Grundproblem praktisch angesprochen und vor allem auch theologisch reflektiert, das sich aus der jüdischen Ablehnung des Christuszeugnisses ergibt.

Im Galaterbrief berichtet Paulus von einer in Jerusalem zwischen ihm und den Leitern der dortigen Urgemeinde getroffenen Vereinbarung (Gal 2,6-10), in der eine Aufteilung der Missionsbereiche vorgenommen wurde in der Art, daß dem Paulus „die Verkündigung des Evangeliums an die Unbeschnittenen (d.h. die Heiden) anvertraut sei" (Gal 2,7) und dem Petrus die Verkündigung an die „Beschnittenen", d.h. die Juden. Mit dieser Vereinbarung war erreicht, daß das höchst umstrittene Apostolat des Paulus an die Heiden auch von der Jerusalemer Urgemeinde, den „Säulen" wie es Paulus ausdrückt, anerkannt wurde. Wie diese missionarische Arbeitsteilung im einzelnen praktisch umgesetzt werden sollte oder wurde, geht aus der Darstellung des Paulus im

Galaterbrief nicht klar hervor. Die Fachleute rätseln hier gewaltig herum, vor allem auch deswegen, weil sie sich ja mit der lukanischen Darstellung von der in den Synagogen an- und einsetzenden Missionstätigkeit des Paulus nicht ohne weiteres deckt. Unzweideutig ist aber in jedem Fall: hier wird ein spezifisches Apostolat für Juden und ein spezifisches Apostolat für Heiden vorausgesetzt, und dabei ist deutlich, daß sich diese Unterscheidung in erster Linie auf den sachlichen Gehalt der Verkündigung bezieht, und nicht bloß deren sprachliche Form meint. D.h. Paulus zufolge ist in der ältesten Christenheit sehr früh berücksichtigt worden, daß das Christuszeugnis gegenüber Heiden eine andere Qualität hat als das Christuszeugnis gegenüber Juden und umgekehrt. Worin besteht der wesentliche Unterschied?

Versucht man das an Hand von Paulus zu klären, dann stößt man auf der einen Seite auf denselben Befund wie bei Lukas. Im 1. Thessalonicherbrief erinnert Paulus die Gemeinde an die Anfänge seiner Predigt unter ihnen und ihre Folgen. 1. Thess 1,9: „... welchen Eingang wir bei euch gefunden haben und wie ihr euch von den Götzen zu Gott bekehrt habt, und dem lebendigen und wahren Gott zu dienen und aus dem Himmel seinen Sohn zu erwarten, den er von den Toten auferweckt hat, Jesus unseren Retter vor dem zukünftigen Zorn." Hier dürfte in nuce Schema und Inhalt der Predigt des Paulus enthalten sein, wie er sie vor Heiden gehalten hat. Anfang und Mittelpunkt bilden die Verkündigung des lebendigen und wahren Gottes. Aus ihr ergibt sich die Aufforderung, sich von den eigenen Götzen abzuwenden und ihm zu dienen. In diesem Zusammenhang eingebettet geschieht dann auch die Verkündigung des von Gott gesandten und durch die Auferweckung legitimierten Sohnes, der als Retter vor dem Zorn Gottes bewahren wird. Diese Art Predigt ist im eigentlichen Sinn eine Missionspredigt, eine Predigt, mit der ein Religionswechsel beabsichtigt ist. Die Umkehr von der hier die Rede ist, bedeutet Ausstieg aus einer bisherigen Gottesbeziehung und Einstieg in eine andere, neue. Was hier intendiert wird und erfolgt, ist im Grunde dasselbe, was die sogenannten Proselyten vollzogen haben, wenn sie zum Judentum übergetreten sind. Ob im antiken Judentum der hellenistisch-römischen Zeit eine der christlichen vergleichbare jüdische Missionstätigkeit unter Nichtjuden stattgefunden hat, ist heute mehr denn je umstritten. Sicher ist in jedem Fall, daß es eine namhafte Zahl von Proselyten und vor allem Proselytinnen aus einfachsten wie aus gehobenen Kreisen gegeben hat und daß es in zahlreichen jüdischen Schriften der Zeit so etwas wie eine auch auf Heiden ausgerichtete jüdische Propaganda gibt, in der jüdischer Glauben so artikuliert wurde, daß er für Nichtjuden anziehend wirkte. Dabei spielte, ähnlich wie in den Missionspredigten des Paulus, die Verkündigung des lebendigen Gottes und die Aufforderung, sich ihm zuzuwenden, eine zentrale Rolle.

Es liegt aber auch auf der Hand, daß die Verkündigung an Juden sich davon ebenso grundsätzlich wie wesentlich unterscheidet. Sie kann in ihrem Inhalt ausschließlich Christus-Verkündigung sein und ihrer Intention nach keine Bekehrungspredigt im Sinn eines Religionswechsels. Wenn in ihr zur Umkehr aufgerufen wird, dann geschieht dies in dem Sinn, in dem auch die Propheten Israels das Gottesvolk zur Umkehr aufgefordert haben, im Sinn der Bewährung und Bewahrung der Zugehörigkeit zum Gottesvolk und des Bundes der Erwählung.

Daß dies gerade auch für Paulus der entscheidende, weil grundlegende Aspekt ist, zeigt sich in der Art, wie er in seinem letzten und einzig gründlich durchreflektierten Votum zur Sache, im Römerbrief, mit dem Faktum umgeht, daß die meisten Juden seiner Zeit die Christus-Botschaft nicht angenommen, sondern abgelehnt haben. Im Unterschied zu Matthäus und wohl auch zu Lukas (und auch zu vorhergehenden eigenen Äußerungen im 1. Thessalonicherbrief) hat er dort - am deutlichsten in Röm 9-11 - das jüdische Nein zu Jesus als dem Messias Israels nicht beantwortet mit einem „christlichen" Nein zur Erwählung Israels. Am Anfang von Röm 9 stellt er ausdrücklich im Blick auf die christus-ungläubigen Juden fest, „daß sie Israeliten sind und also zum erwählten Volk gehören, daß ihnen das Recht der Söhne Gottes zugekommen ist und ebenso die Herrlichkeit Gottes, die Bundesschlüsse, die Gabe des Gesetzes, der (wahre) Gottesdienst und die Verheißungen, daß zu ihnen die Väter gehören und daß von ihnen auch der Christus seiner leiblichen Herkunft nach abstammt." (Röm 9,4.5). Und an dieser Feststellung hält Paulus auch in seinen weiteren Ausführungen in Röm 9-11 durchaus fest. Ausdrücklich kommt er auf sie zu Beginn des 11. Kapitels zu sprechen, wenn er auf die Frage: „Hat Gott sein Volk verstoßen?" die lapidare Antwort gibt: „Keineswegs" (11,1). Mit Nachdruck hebt er darauf wieder am Schluß dieses Kapitels ab, wenn er die Rettung „ganz Israels" (11,26) als endzeitliches Mysterium, Geheimnis verkündet.

Und dem entspricht nun auch, daß Paulus selbst die jüdischen Zeitgenossen, die die Botschaft von dem in Christus erschienenen Heil Gottes verwerfen, ohne Einschränkung als „Brüder" bezeichnet und sie damit in der von Gott gestifteten Solidargemeinschaft beläßt. Vor allem aber zeigt dieser Text auch, wie Paulus die Art der Beziehung zu ihnen beschreibt. Ihre Rettung, ihr Heil liegt ihm am Herzen. Und er vertraut darauf, daß Gott am Ende ganz Israel retten wird. Über die Art und Weise, in der das geschieht, schweigt er sich aus. Daß er sich einen zweiten „Heilsweg", einen Weg an dem Christus Gottes vorbei, vorgestellt hat, steht zur Debatte. Von Paulus her gesehen erscheint mir das fraglich. Deutlich aber ist, daß er nicht daran denkt, er selbst als Apostel müsse nun verstärkt auch seine Mission als Apostel auf die Juden ausrichten, also „Judenmission" betreiben. Für ihn gibt es nur eine Form der „Judenmission", es ist die Form, die er unter Bezug auf ein Wort aus dem 5. Buch Mose, also aus der

Tora, als „reizen", als „eifersüchtig machen" bezeichnet (11,14). Was ist damit gemeint?

Paulus hofft, daß die durch seine Predigt zum Glauben kommenden Heiden auf die an Christus nichtglaubenden Juden als Anreiz wirken, sie „eifersüchtig" machen. Das ist die Art der „Judenmission", die er selbst betreibt. Und das ist sicherlich auch die einzige Art, die in seiner Sicht angemessen ist für die Heidenchristen. Die Warnung an Heidenchristen, die Paulus gerade im Zusammenhang von Römer 11 ausspricht, sich nicht des eigenen Glaubens gegenüber dem jüdischen Unglauben zu rühmen (11,17) spricht hier Bände.

Diese Sicht des Paulus hat sich in der Folgezeit nicht durchgesetzt. Die Heidenchristenheit, die nicht zuletzt auch durch die Missionstätigkeit des Paulus entstanden ist, hat ihr Verhältnis zum Judentum und ihr Verhalten gegenüber den Juden nahezu durchgängig nicht nach diesen Spuren des Paulus ausgerichtet. Man hat die „ungläubigen" Juden, die perfidi Judaei, entweder in den Spuren des Evangelisten Matthäus als heilsgeschichtlich erledigte Größe angesehen und z.T. vor allem in den Spuren des Evangelisten Johannes verteufelt, oder man hat die paulinische Hoffnung auf eine endzeitlich doch noch mögliche Rettung für die Juden zum Anlaß genommen für judenmissionarische Aktivitäten, Predigten und Taufen.

Nun, das alles geschah nicht aus purer Willkür, - so zynisch es klingt - selbst die Zwangspredigten und sogar die Zwangstaufen nicht. Die Triebfeder war die Sorge um das „Heil", die Grundlage war das Bekenntnis zu Jesus Christus als dem Heil, als dem Retter der Welt. Erst in unserer Zeit mehren sich die Stimmen, die dagegen Front machen u.a. mit der Parole „Absage an die Judenmission". Das geschieht freilich aus sehr unterschiedlichen Gründen und in sehr unterschiedlichen Richtungen. Hinter der Parole „Absage an die Judenmission" verbirgt sich z.T. einfach der Standpunkt religiöser Indifferenz, für die alle religiösen Positionen im Grund gleich sind, weil sie entweder gar keinen oder denselben Wert haben. Z.T. spielt - argumentativ schärfer - die Kritik am christlichen Bekenntnis selbst ein Rolle. Das geschieht vor allem, indem das Bekenntnis zu Jesus als Christus im Sinne des Messias Israels in Frage gestellt wird, das geschieht ferner, indem das Bekenntnis zur Universalität des Heilswerks Christi als Ausdruck imperialistischer Theologie gebrandmarkt wird. Angesichts dessen ist es durchaus verständlich, wenn sich dagegen Widerstand äußert. Hier ist ein neuralgischer Punkt betroffen, denn hier geht es um die Identitätsfrage.

Befinden wir uns in einer Sackgasse, in einem unausweichlichen Dilemma? Müssen wir - wie ein in Jerusalem lebender und lehrender französischer Mönch es einmal formuliert hat - auf der einen Seite von einem „Auftrag" und auf der anderen Seite von der „Unmöglichkeit eines legitimen christlichen Zeugnisses gegenüber den Juden" (Pierre Leenhardt, 1980) sprechen?

Ich könnte mit dieser provokanten Frage abbrechen. Aber ich möchte mich nochmals kurz Paulus zuwenden und der Frage: Wie konnte Paulus eigentlich seine in Röm 11 entfaltete Vision vom Geheimnis der Rettung ganz Israels und die damit Hand in Hand gehende Sicht der Absage an Judenmission durch ihn selbst oder durch Heidenchristen vereinbaren mit seinem Bekenntnis zu Jesus als dem Christus, als dem Messias Israels? Ist das nicht widersinnig? Ist Paulus mit seinen Äußerungen in Röm 11 überhaupt ernst zu nehmen, oder sind sie ein theologischer Ausrutscher? Hat er in ihnen seine Christusbotschaft und namentlich seine Rechtfertigungslehre an den sprichtwörtlichen Nagel gehängt? Das ist das Grundproblem?

Unter vielen, z.T. durchaus namhaften Neutestamentlern besteht die Neigung, letzteres zu bejahen. Argumente: „Das in Römer 11,25ff. dargestellte 'Geheimnis der Heilsgeschichte' (sei) in der paulinischen Theologie isoliert." (Strecker, LM 32, 1993, 27c). Es stehe „vor allem" ... „im Gegensatz zu der Aussage des jüngeren Paulus in 1. Thessalonicher 2,16, wonach 'das Zorngericht endgültig über sie (die Juden) gekommen ist.'" (ebd.). Im Grunde versteige sich Paulus in Röm 11 zu einer „geschichtstheologischen Spekulation", die „im Gegensatz zur paulinischen Rechtfertigungsbotschaft" (ebd.) stehe und nichts anderes sei als „ein unbrauchbarer Versuch, Gottes Handeln und die Menschheitsgeschichte miteinander in Beziehung zu setzen" (ebd. 28b).

Was läßt sich dazu sagen?

Daß die Vision der endzeitlichen Rettung ganz Israels eine Spekulation ist, liegt auf der Hand. Aber das ist kein Argument dagegen; denn genau besehen ist alle Theologie spekulativ, bemüht sie sich doch, die Wirklichkeit und Wirksamkeit Gottes im Spiegel wirklicher oder vermeintlicher Offenbarung zu durchschauen, zu erkennen, zu erfassen.

Bemüht man sich einmal darum, dem paulinischen Gedankengang nachzuspüren, dann zeigt sich: die sogenannte „heilsgeschichtliche Spekulation" des Paulus in Röm 11 hat einen ganz bestimmten, einen festen Grund: Es ist die Gewißheit der Treue Gottes, die Überzeugung, daß Gott sich treu bleibt, daß er nicht aufgibt, was er sich vorgenommen hat. Und dazu gehört entscheidend die Erwählung Israels als sein Volk und in der endzeitlichen Perspektive die Rettung ganz Israels. Die bleibende Erwählung fußt auf der Treue, auf der Zuverlässigkeit Gottes. Die Untreue von Menschen kann die Treue Gottes nicht aufheben, sonst würde sie vom Menschen abhängig, sonst würde Gott nicht Gott bleiben. Und entsprechendes gilt auch für die Gerechtigkeit Gottes. Sie hängt nicht vom Verhalten des Menschen ab, von seinem Wollen oder Wirken, sondern allein vom Willen und Werk Gottes.

Wenn Paulus am Ende von Röm 11 feststellt, „Gottes Gaben und Berufungen können ihn nicht gereuen", und wenn er darauffolgend abschließend im Blick auf die Christus-gläubigen und die nicht an Christus Glaubenden den Satz formuliert: „Gott hat alle eingeschlossen in den Unglauben, auf daß er sich aller erbarme", dann kommt daran deutlich zum Ausdruck, daß das Beharren auf der bleibenden Erwählung Israels bei Paulus strukturell seiner Lehre von der Rechtfertigung des Sünders sola gratia entspricht und essentiell zu dieser Lehre gehört.

Daß Paulus in diesem Zusammenhang über die Rolle des Christus, der leibhaftig aus Israel stammt und zu Israel gehört, nichts weiter verlauten läßt, mag überraschen. Daß Paulus ihn ganz ausgeblendet hat, ist allerdings höchst unwahrscheinlich; am Ende des Römerbriefes in einem oft übersehenen, aber für die Frage nach dem Verhältnis von Juden und Heiden höchst gewichtigen Abschnitt bezeichnet er Christus ausdrücklich als „Diener der Beschneidung" (Röm 15,7), der mit der Treue Gottes zu tun hat und gekommen ist, die Verheißung der Väter zu bestätigen. Aber daß Paulus hier sich ausschweigt, ist dennoch beredt. Er kann hier in aller Souveränität abwarten. Er ist sich sicher, daß die Juden um der Väter willen geliebte Gottes sind, auch wenn sie das Evangelium noch ablehnen, und daß am Ende der Tage ganz Israel Anteil hat am zukünftigen Heil.

Ich denke, es lohnt sich, bei Paulus in die Schule zu gehen, wenn es um die Frage nach unserem christlichen Verhältnis zum Judentum geht. Er ist der einzige christliche Theologe der Frühzeit, der sich dazu grundlegend geäußert hat. Auch Paulus liefert freilich keine fertigen Rezepte, auch nicht im Blick auf das Problem „Judenmission". Aber ich denke, vom Paulus des Römerbriefes her gibt es theologisch gewichtige Gründe, daß unsere Kirchen heute der „Judenmission" grundsätzlich absagen, ohne das eigene Glaubenszeugnis zu verleugnen. Im Gegenüber zu und im Gespräch mit dem Judentum hat die Kirche von den Heiden nicht den Glauben an den Christus zu fordern, sondern ihn glaubwürdig zu leben. Und dabei lohnt es sich dann auch, auf die Einsprüche und Einwände des jüdischen Gegenüber zu hören.

Ich schließe mit zwei Worten von Franz Rosenzweig, die sich in Briefen an seinen Vetter Hans Ehrenberg bzw. den Freund Eugen Rosenstock finden, beides zum Christentum übergetretene Gesprächspartner.

Zitat aus dem Brief an Hans Ehrenberg vom 21.4.1918 :

„Damals wie heute behaupte ich: Extra ecclesiam nulla salus, nisi Iudaeis in religione eorum manentibus. Außerhalb der Kirche gibt es kein Heil, außer für die Juden, die in ihrem Glauben bleiben."

Zitat aus dem Brief an Eugen Rosenstock vom 7.11. 1916:

„Sie haben ja Recht in allem, was Sie in Ihrer rabies theologica (ihrem theologischen Unmut) äußern. ... Dennoch gibt es einen Punkt, über den die christliche rabies ebensowenig wie die jüdische Rabulistik hinausgehen sollte, obwohl sie es beide, wenn sie einmal im Gang sind gern tun. Dennoch mögen Sie fluchen, mögen Sie donnern, mögen Sie kratzen, so viel Sie wollen, Sie werden uns doch nicht los, wir sind die Laus in Eurem Pelz - ... wir sind innere Feinde - verwechseln Sie uns nicht mit dem äußeren! Die Feinschaft mag erbitterter sein müssen als die gegen den äußeren Feind, aber gleichwohl. Wir und Ihr sind in den gleichen Grenzen, im gleichen Reich."

Die Bibel Israels - Absage an die Christianisierung des sogenannten Alten Testaments

Erich Zenger

I. Nach der Schoa muß die Christenheit ihr »Altes Testament« anders lesen

1. Das ungeklärte Verhältnis des Christentums zur Bibel Israels

Das Alte Testament hat es bei den Christen nicht leicht.[1] Gewiß hat die Kirche den immer wieder aufbrechenden Versuchen, das

---

[1] Die folgenden Ausführungen sind eine Kurzfassung meiner beiden Bücher: Das Erste Testament. Die jüdische Bibel und die Christen, Düsseldorf [5]1995; Am Fuß des Sinai. Gottesbilder des Ersten Testaments, Düsseldorf [3]1995. - Weitere wichtige Beiträge zur Thematik sind: E. Brocke, Von den »Schriften« zum »Alten Testament« - und zurück? Jüdische Fragen zur christlichen Suche nach einer »Mitte der Schrift«, in FS R. Rendtorff, Neukirchen 1990, 581-594; J.H. Charlesworth/W.P. Weaver (Hg.), The Old and New Testaments. Their Relationship and the »Intertestamental« Literature, Valley Forge 1993; B.S. Childs, Die Bedeutung der Hebräischen Bibel für die Biblische Theologie: ThZ 48, 1992, 382-390; ders., Biblical Theology of the Old and New Testaments. Theological Reflection on the Christian Bible, London 1992; Ch. Dohmen/F. Mußner, Nur die halbe Wahrheit? Für die Einheit der ganzen Bibel, Freiburg 1993; Ch. Dohmen/G. Stemberger, Hermeneutik der Jüdischen Bibel und des Alten Testaments, Stuttgart 1996; M. Görg, In Abrahams Schoß. Christsein ohne Neues Testament, Düsseldorf 1993; O. Kaiser, Die Bedeutung des Alten Testaments für Heiden, die manchmal auch Christen sind: ZThK 91, 1994, 1-9; K. Koch, Der doppelte Ausgang des Alten Testaments in Judentum und Christentum: JBTh 6, 1991, 215-242; ders., Rezeptionsgeschichte als notwendige Voraussetzung einer biblischen Theologie, in: H.H. Schmid /J. Mehlhausen (Hg.), Sola Scriptura, Gütersloh 1991,143-155; N.Lohfink, Hermeneutik des Alten und Neuen Testaments. Thesen, in: M. Stöhr (Hg.), Lernen in Jerusalem - Lernen mit Israel (ViKJ 20), Berlin 1993, 242-248; R. Rendtorff, Wege zu einem gemeinsamen jüdisch-christlichen Umgang mit dem Alten Testament, in ders., Kanon und Theologie, Neukirchen 1991, 40-53; H.-

Alte Testament aus der christlichen Bibel zu verstoßen, widerstanden. Aber aufs Ganze gesehen blieb das Alte Testament immer im Schatten des Neuen Testaments, das man als die eigentliche christliche Bibel betrachtete. Und nur vom Neuen Testament her erhielt das Alte Testament Bedeutung für die Kirche. Nur insofern die Bibel Israels christianisiert wurde bzw. christianisierbar war, war sie akzeptiert. Und was nicht geradlinig und stimmig mit dem, was man für christlich hielt, zusammenpaßte, wurde als typisch jüdisch und als durch das Christentum überholt auf die Seite geschoben oder gar hochmütig verurteilt. Daß die Bibel Israels zuallererst und bis heute die Bibel der Juden ist und daß die hochmütigen christlichen Urteile über einzelne Passagen des Alten Testaments oder das Alte Testament insgesamt zugleich Urteile über die Juden als Erstadressaten dieser Bibel waren, kam über die Jahrhunderte hinweg kaum einem christlichen Theologen in den Sinn, weil ja als grundlegendes theologisches Axiom galt: Erst und nur als christlich gelesenes Altes Testament wird die Bibel Israels so gelesen, wie Gott dieses sein Wort eigentlich immer schon und von Anfang an gemeint hatte.[2]

C. Schmitt, Die Einheit der Schrift und die Mitte des Alten Testaments, in FS F. Mildenberger, Stuttgart 1994, 49-66; J. Schreiner, Das Verhältnis des Alten Testaments zum Neuen Testament, in: ders., Segen für die Völker, Würzburg 1987, 392-407; G. Theißen, Neutestamentliche Überlegungen zu einer jüdisch-christlichen Lektüre des Alten Testaments: KuI 10, 1995, 115-136.

[2] Instruktive Überblicke über die unterschiedliche "Beurteilung" des Alten Testaments in der christlichen Theologiegeschichte bieten: A.H.J. Gunneweg, Vom Verstehen des Alten Testaments. Eine Hermeneutik (ATD.E 5), Göttingen [2]1988; H.D. Preuß, Das Alte Testament in christlicher Predigt; beide Autoren informieren kompetent, vertreten freilich selbst Positionen, die ich nicht akzeptieren kann.- Zum problematischen Umgang mit dem AT in unserem Jahrhundert vgl. u.a.: C. Nicolaisen, Die Auseinandersetzungen um das Alte Testament im Kirchenkampf 1933-1945, Dissertation Hamburg 1966; ders., Die Stellung der "Deutschen Christen" zum Alten Testament, in: H. Brunotte (Hg.), Zur Geschichte des Kirchenkampfes. Gesammelte Aufsätze II, Göttingen 1971, 197-220; R. Rendtorff/E. Stegemann (Hg.), Auschwitz - Krise

Letztlich wurzelte dieses eigenartige Verhältnis der Christen und der christlichen Theologie zum Alten Testament in dem theologisch ungeklärten Verhältnis der Kirchen zum Judentum und an der Weigerung, dem Judentum eine gegenüber dem Christentum eigenständige theologische Würde zuzugestehen.

Beispielhaft läßt sich dieses ambivalente Verhältnis der Christen gegenüber der Bibel Israels an einer Predigt erkennen, die der Alttestamentler und Kardinal Michael Faulhaber am 3. Dezember 1933 in St. Michael zu München unter dem Thema »Das Alte Testament und seine Erfüllung im Christentum« gehalten hat.[3] Diese Predigt ist keineswegs die Position eines wenig kompetenten Außenseiters. Im Gegenteil, der Kardinal will gerade als Antwort auf die Verwerfung und Verleumdung des Alten Testaments durch die Nazis möglichst positiv über diesen Teil der christlichen Bibel reden. Und er ist, wie er am Anfang seiner Predigt betont, zu dieser beabsichtigten Ehrenrettung in besonderer Weise qualifiziert: »Ich erhebe den Anspruch, in dieser Frage mitzureden, weil ich elf Jahre an der Universität Würzburg über die Frage Vorlesungen hielt und an der Universität Straßburg den Lehrstuhl für die Heiligen Schriften des Alten Testaments innehatte« (S. 3).

Aus dieser Predigt greife ich zwei für unsere Thematik wichtige, weil für damals und bis in jüngste Zeit charakteristische, Thesen heraus.

---

der christlichen Theologie, München 1980,99-116; W. Schottroff, Theologie und Politik bei Emanuel Hirsch. Zur Einordnung seines Verständnisses des Alten Testaments: KuI 1,1987,24-49.137-158; U. Kusche, Die unterlegene Religion. Das Judentum im Urteil deutscher Alttestamentler. Zur Kritik theologischer Geschichtsschreibung, Berlin 1991; M. Görg, In Abrahams Schoß. Christsein ohne Neues Testament, Düsseldorf 1993, 44-97.
[3] M. Faulhaber, Das Alte Testament und seine Erfüllung im Christentum, München 1933; auf diese Publikation beziehen sich die oben jeweils angegebenen Seitenzahlen.

Die *erste These* beschäftigt sich mit der jüdischen Herkunft des Alten Testaments, also mit dem Problem, daß es als vor-christliches Buch entstanden ist. Der Kardinal sagt dazu u.a: »Wir müssen unterscheiden zwischen dem Volke Israel vor dem Tode Christi und nach dem Tode Christi. Vor dem Tode Christi, die Jahre zwischen der Berufung Abrahams und der Fülle der Zeiten, war das Volk Israel Träger der Offenbarung ... Nach dem Tode Christi wurde Israel aus dem Dienst der Offenbarung entlassen. Sie hatten die Stunde der Heimsuchung nicht erkannt. Sie hatten den Gesalbten des Herrn verleugnet und verworfen, zur Stadt hinausgeführt und ans Kreuz geschlagen. Damals zerriß der Vorhang im Tempel auf Sion und damit der Bund zwischen dem Herrn und seinem Volk. Die Tochter Sion erhielt den Scheidebrief, und seitdem wandert der ewige Ahasver ruhelos über die Erde« (S. 4f). Als Folge der Verwerfung Israels hat die Kirche aus der Hand Jesu Christi das Alte Testament als göttliche Offenbarung erhalten und sogar alttestamentliche Texte in ihre Liturgie aufgenommen. Doch, so betont der Kardinal, »wurde das Christentum durch Übernahme dieser Bücher keine jüdische Religion. Diese Bücher sind nicht von Juden verfaßt, sie sind vom Geiste Gottes eingegeben und darum Gotteswort und Gottesbücher. Diese Geschichtsschreiber waren Schreibgriffel Gottes, diese Sänger von Sion waren Harfen in der Hand Gottes, diese Propheten waren Lautsprecher der Offenbarung Gottes. Darum bleiben diese Bücher glaubwürdig und ehrwürdig auch für spätere Zeiten. Abneigung gegen Juden von heute darf nicht auf die Bücher des vorchristlichen Judentums übertragen werden« (S.13).

Die *zweite These* der Predigt erläutert die Bedeutung des Alten Testaments für die Kirche unter der Kategorie der Erfüllung. Der Kardinal sagt: »Wirken wir mit der Gnade Gottes mit, das Alte Testament und uns selber zu erfüllen! Christus ist nicht gekommen, das Gesetz oder die Propheten aufzuheben, sondern zu erfüllen. Ein andermal sagte er: An mir muß dieses Schriftwort in

Erfüllung gehen (Luk. 22,37). Wie oft berichtet Matthäus: Das und das ist geschehen, damit das Prophetenwort erfüllt werde. Was heißt das, das Alte Testament erfüllen? Erfüllen heißt, etwas, was Stückwerk ist, vollenden und fertig machen. Etwas, was halb leer ist (das Gleichnis ist vom Hohlmaß, etwa von einem Becher genommen), vollmachen und auffüllen bis zum Rand. Etwas, was unvollkommen ist, vollkommen machen. Erfüllen heißt, bildlich gesprochen, aus der Schale den Olivenkern nehmen, aus der Vorschule des Alten Testaments in die Hochschule des Evangeliums überleiten, von den Vorbildern zum Urbild führen. Das Alte Testament war an sich gut, im Vergleich mit dem Evangelium aber Stückwerk, Halbheit, Unvollkommenheit. Das Neue Testament hat vollendet, hat die ganze Offenbarung Gottes gebracht. Kommt das Vollkommene, dann hört das Stückwerk auf (1. Kor. 13,10)« (S. 16f).

Gewiß, so konsequent und offen, wie es in dieser Predigt geschah, wird heute kaum noch ein christlicher Theologe die Bibel Israels »entjudaisieren« wollen. Aber die letztlich hinter dieser Predigt stehende These, daß seit Jesus nur bzw. erst die Kirche die Gottesbotschaft des Alten Testaments echt und eigentlich hört, blieb die ausgesprochene oder unausgesprochene Überzeugung der meisten christlichen Theologen auch nach 1945, wahrscheinlich sogar bis heute. Ich wähle nur drei prominente Belege für dieses Faktum.

1950 erschien das dann einflußreiche Buch von *Johannes Schildenberger* »Vom Geheimnis des Gotteswortes. Einführung in das Verständnis der Heiligen Schrift«.[4] Schildenberger reflektiert darin breit, unterstützt mit vielen Zitaten aus den Kirchenvätern, die Frage nach der Bedeutung des Alten Testaments für die Kir-

---

[4] J. Schildenberger, Vom Geheimnis des Gotteswortes. Einführung in das Verständnis der Heiligen Schrift, Heidelberg 1950; aus dieser Ausgabe wird oben mit Seitenhinweis zitiert.

che. Er unterscheidet sich dabei kaum von Michael Faulhaber; ein wenn auch nur flüchtiger Gedanke über die positive Relevanz des Alten Testaments für das nachbiblische Judentum ist nirgends zu finden. Stattdessen werden die »klassischen« kirchlichen Positionen deklamiert. Ich begnüge mich mit wenigen Zitaten: »Das Alte Testament ist die Vorgeschichte und Vorschule der Erlösung, der christlichen Religion« (S. 46). »Am Ostertag ist auch das Alte Testament zu einem neuen, verklärten Leben auferstanden, als der Herr den beiden Jüngern auf dem Weg nach Emmaus und am gleichen Abend den Aposteln die Schrift erschloß (Lk 24,25-27.32.44-47). Dieses fruchtbare, segensvolle Leben führt es weiter in der heiligen Kirche« (S. 47). »Die heiligen Väter haben mit den Aposteln erkannt, daß das Alte Testament erst in der Kirche seine volle Bedeutung und Wirkkraft bekommen habe, weil erst jetzt Christus ganz deutlich und groß in ihm aufleuchte... Jede Weissagung ist nämlich vor der Erfüllung den Menschen ein Rätsel und Gegenstand vieler Meinungen. Wenn aber die Zeit gekommen und das Geweissagte eingetroffen ist, dann erhält sie die ganz offenkundige Auslegung. Und darum gleicht das Gesetz, wenn es von den Juden in der jetzigen Zeit gelesen wird (vgl. 2. Kor 3,14f.), einem Mythus; denn sie haben nicht die Erklärung des Ganzen, das ist die Ankunft des Gottessohnes als Mensch. Wenn es dagegen von den Christen gelesen wird, ist es ein Schatz, der zwar im Acker verborgen lag (vgl. Mt 13,44), ihnen aber durch das Kreuz Christi geoffenbart und erschlossen ist« (S. 64f).

Im ersten Band des von Josef Höfer und Karl Rahner herausgegebenen Lexikons für Theologie und Kirche schrieb 1957 der Neutestamentler *Franz Josef Schierse* im Artikel »Altes Testament«: »Die 'Decke', die auf dem Alten Testament lag und seinen eigentlichen Sinn verhüllte, ist durch Christus weggenommen worden (2. Kor 3,14). Indem das Christentum weiß, daß es die allein richtige Auslegung des Alten Testaments besitzt, weil es das Erbe der alttestamentlichen Verheißungen legitim angetreten hat, stellt es sich in Gegensatz zum Judentum.«[5]

Noch 1972 wurde in Herders Theologischem Taschenlexikon, das von *Karl Rahner* herausgegeben wurde, aus dem bereits 1957 von Rahner selbst verfaßten Artikel »Altes Testament als heilsgeschichtliche Periode« folgende Schlußthese wiedergegeben: »Als 'vorgeschichtliche' Vergangenheit des Neuen und ewigen Bundes, in den hinein das Alte Testament sich aufgehoben hat, ist es nur vom Neuen Bund her adäquat richtig interpretierbar ... eine bloß alttestamentlich immanente Bedeutung ... würde verkennen, daß das Alte Testament sein ganzes Wesen erst im Neuen Testament enthüllt hat.«[6]

Das ist auch die Auffassung, die in der am 18. November 1965 vom *Zweiten Vatikanum* verabschiedeten und von Papst Paul VI. feierlich promulgierten »Dogmatischen Konstitution über die göttliche Offenbarung« (Dei Verbum) vertreten wird. Über dieses Dokument hatte es auf dem Konzil heftigste Auseinandersetzungen gegeben. Dem schlußendlich veröffentlichten Text waren vier verschiedene Textfassungen vorausgegangen, die immer wieder modifiziert worden waren. Am wenigsten kontrovers war der Abschnitt über das Alte Testament. Bei den Abstimmungen erhielt dieses Kapitel stets am wenigsten Neinstimmen und Veränderungsvorschläge. Diese auffallend breite Zustimmung lag nicht daran, daß das Kapitel besonders gut ist. Im Gegenteil: Es liest sich wie eine »Pflichtübung«, die die altbekannten Formeln der Tradition wiederholt, ohne daß eine tiefere Reflexion stattfindet. Was es bedeutet, daß dieser Teil der christlichen Bibel auch zuallererst die Bibel des Judentums ist, war weder in der Diskus-

---

[5] LThK I²,394.
[6] K.Rahner (Hg.), Herders Theologisches Taschenlexikon (Herderbücherei 451), Band 1, Freiburg 1972, 84.

sion noch im Dokument selbst einen Gedanken wert.[7] Dabei hätte sich diese Frage doch gerade diesem Konzil stellen müssen, das (nach mehrjährigen, ebenfalls außergewöhnlich heftigen Diskussionen innerhalb und außerhalb der Konzilsaula) am 28. November 1965 in seiner Erklärung über das Verhältnis der Kirche zu den nichtchristlichen Religionen zu gegenüber der kirchlichen Tradition neuen theologischen Aussagen über das Judentum gelangt. Daß das Konzil im Dokument über die göttliche Offenbarung dennoch keine entsprechende Revision der kirchlichen Lehre über das Alte Testament vollzog, läßt sich meines Erachtens damit erklären, daß sich hier einmal mehr das traditionelle Desinteresse und Unbehagen der christlichen Theologie an diesem »vorchristlichen« Teil der christlichen Bibel zeigte. Insgesamt wiederholt das Konzil den »alten« heilsgeschichtlichen Offenbarungsevolutionismus: Die Bedeutung des »Alten Testamentes« war und ist es, Jesus Christus »vorauszuverkünden«, »vorauszudarstellen«, »in verschiedenen Vorbildern anzuzeigen« und »prophetisch anzukündigen«. Das Alte Testament ist nur Vorwort und Vorstufe des Neuen Testaments.

Wie wenig Eigenbedeutung das »Alte Testament« für Christen nach traditioneller Meinung hat, kommt besonders drastisch in unserer *Liturgie* zum Ausdruck. Zwar verdankt das »Alte Testament« dem Bemühen der vom Zweiten Vatikanum angestoßenen Liturgiereform, den Gemeinden »den Tisch des Wortes reicher zu decken«, auch eine stärkere Berücksichtigung in der Leseordnung, so daß in der Regel eine der drei vorgeschlagenen biblischen Lesungen im Wortgottesdienst der Messe aus dem Alten Testament stammt. Aber wie sieht es wirklich aus? Die Auswahl der liturgischen Perikopen ist alles andere als ein repräsentativer

---

[7] Leider wird die Position nun auch unreflektiert im neuen »Katechismus der katholischen Kirche« wiederholt, der andererseits über das Verhältnis Kirche-Judentum durchaus die neueren, besonders von Johannes Paul II. immer wieder proklamierten Positionen bietet.

Querschnitt, der das Ganze des ersten Teils der christlichen Bibel im Fragment nahebringen möchte oder könnte. Von einem Eigenwert des »Alten Testaments« ist da nichts zu spüren. Die ausgewählten Texte sind oft genug so aus ihrem Zusammenhang herausgerissen oder als beinahe unverständlicher »Textverschnitt« dargeboten, daß sie höchstens als auf das Evangelium hinführendes »Stimmungsbild« oder als neugierig machende, weil unverständliche Motivkollage dienen. Meist sind sie vom Evangelium her nach dem Prinzip Verheißung und Erfüllung bzw. Typos und Antitypos ausgesucht. Nicht selten sind die Perikopen *so* zusammengeschnitten, daß dabei vor allem der Israel-Bezug der Texte weggefallen ist. So wird der liturgischen Gemeinde Woche für Woche eingeimpft: Jesus bzw. das Neue Testament erfüllt, überbietet und hebt die Bibel Israels auf.[8]

Auch die Inszenierung in der katholischen Liturgie unterstreicht die geringere Wertigkeit des Alten Testaments. Schon die Abfolge »Alttestamentliche Lesung« - »Neutestamentliches Evangelium« insinuiert die aufsteigende Linie vom Niedrigeren zum Höheren, zumal die Inszenierung das »Evangelium« als Klimax herausstellt.[9] Während wir bei der Lesung aus dem Alten Testa-

---

[8] Eine detaillierte Analyse der »neuen« Perikopenordnung findet sich bei E. Nübold, Entstehung und Bewertung der neuen Perikopenordnung des Römischen Ritus für die Meßfeier an Sonn- und Festtagen, Paderborn 1986.
[9] Natürlich kann man die liturgische Abfolge »Altes Testament« - »Neues Testament« auch anders und positiver interpretieren, wie dies beispielsweise N. Lohfink einmal getan hat: »Die Lesung aus der Tora steht in der Synagoge immer an erster Stelle. Dann folgt, als Kommentar dazu, eine zweite Lesung aus den auf die Tora folgenden Büchern des Alten Testaments: aus den weiteren Geschichtsbüchern oder den Büchern der Propheten. Man würde nun doch erwarten, daß die Christenheit an die erste Stelle die Lesung aus den Evangelien gesetzt hätte, weil diese von Jesus Christus erzählen, und daß dann, gewissermaßen als Kommentar, Lesungen aus den anderen Büchern der Bibel gefolgt wären. Das ist aber nicht der Fall. Die Christenheit blieb bei der alten jüdischen Ordnung. An die erste Stelle, da wo die Lesung der Bibel im strengsten und eigentlichen Sinn zu stehen hat, tritt nun nicht mehr allein die Tora, sondern das Alte

ment sitzen, stehen wir zum Evangelium auf. Die alttestamentliche Lesung kann von einem Laien vorgetragen werden, das Evangelium muß der Diakon oder Priester vorlesen. Nur das Evangeliar wird in feierlicher Prozession mit Kerzen und Weihrauch begleitet. Und auch die Melodie, in der das Evangelium gesungen wird, ist kunstvoller als die Melodie der alttestamentlichen Lesung. Drängen sich da nicht aus der Liturgie für das Verhältnis der beiden Testamente zueinander Wertungen wie »vorläufig - endgültig«, »klein - groß«, »alt - neu«, »uneigentlich - eigentlich« auf? Stellt sich nicht unausweichlich das Gefühl ein, daß wir auf das Alte Testament »eigentlich« verzichten könnten - und daß wir es höchstens aus Pietät »in Ehren halten«?

Auch der Blick in die Art und Weise, wie die christlichen Alttestamentler in ihren Kommentaren und Theologien des Alten Testaments die theologische Relevanz alttestamentlicher Texte für christliche Theologie und christliche Existenz darstellen und beurteilen, belegt auf mich deprimierende Weise, daß diese Texte nur begrenzte oder überhaupt keine positive, eigenständige theologische Wertigkeit haben.

Die im einzelnen sehr unterschiedlichen Lese- und Verstehensweisen des Alten Testaments in der christlichen Exegese lassen sich auf drei Grundmodelle reduzieren:

1.) Das Kontrastmodell

Die theologische Funktion des Alten Testaments besteht darin, Kontrastfolie zur Christusbotschaft zu sein. Es deckt die in uns allen immer noch lebendigen Sehnsüchte nach irdischem Glück sowie nach Macht und Gewalt und insbesondere den menschli-

---

Testament ... Dann kommen, gewissermaßen als Kommentare dazu, Lesungen aus dem Neuen Testament« (N. Lohfink, Das Alte Testament christlich ausgelegt. Eine Reflexion im Anschluß an die Osternacht, Freising 1988, 25). Dieser geschichtliche Hintergrund ist freilich kaum jemand bewußt - und die liturgische Inszenierung schließt ihn geradezu aus.

chen Hang zu Selbstrechtfertigung/Selbsterlösung durch die Werke der Gesetze auf; dadurch hilft uns das Alte Testament als »Buch des Scheiterns« (*R. Bultmann*) die Botschaft des Neuen Testaments als Evangelium der Gnade, der Erlösung von Sünde, der Hoffnung auf ein Reich, das nicht von dieser Welt ist, und insbesondere die Kreuzesnachfolge als die *eigentliche* biblische Gotteswahrheit zu erfassen.

2.) Das Relativierungsmodell

Das Alte Testament ist »Dienerin« des Neuen Testaments. Seine Funktion war/ist es, auf die endgültige Offenbarung in Jesus Christus vorzubereiten. Es ist die Verheißung, deren Erfüllung das Neue Testament ist. Es ist Vorausdarstellung, Vor-Bild (Typos) jener Wirklichkeit, die mit Jesus in ihrer Vollendung und Vollgestalt (Antitypos) gekommen ist.[10]

3.) Das Evolutionsmodell

Das Alte Testament ist der Same, der mit innerer Notwendigkeit zur neuestamentlichen Blüte als dem von Gott von Anfang an einzig intendierten Ziel der Entwicklung hintreibt. Das Neue Testament ist der exklusive Maßstab für das, was in der verwir-

---

[10] Hermeneutisch ist die typologische Methode nicht prinzipiell abzulehnen; sie findet sich bereits innerhalb des Ersten Testaments selbst und wird im hellenistischen Judentum, besonders bei Philo, kunstvoll durchgeführt. Sie ist dabei eine geschichtstheologische Explikation der Treue JHWHs, der seinen »Heilsplan« so verwirklicht, daß er seine einmal geoffenbarten Wirkweisen immer wieder neu aktualisiert. So wird mit dem Theologumenon vom Neuen/Zweiten Exodus die Rettung Israels aus der babylonischen Verbannung/Diaspora als erneute und neue Aktualisierung des Ersten Exodus aus Ägypten verkündigt und gefeiert. Beide verhalten sich wie Typos und Antitypos; der Antitypos hebt dabei allerdings nicht den Typos auf, sondern »lebt« von seiner Rückbindung an den Typos. Das ändert sich freilich und leider in der christlichen Typologie; sie wertet meist den ersttestamentlichen/jüdischen Typos ab oder macht den neutestamentlichen/christlichen Antitypos wirklich zum Gegensatz. So »klassisch« schon Melito von Sardes in seinem »Osterbrief«!

renden Vielfalt des Alten Testaments als Offenbarung zu gelten hat. Die in Gen 1 intendierte Schöpfungstheologie erschließt sich beispielsweise erst und nur vollgültig von Joh 1 her. Sogar die eigentliche Offenbarungssprache ist deshalb nicht das Hebräische des Alten Testaments, sondern das Griechische des Neuen Testaments.

Hier ist keine differenzierte Kritik der drei Modelle möglich. Allen drei Modellen sind - auf jeweils unterschiedliche Weise - folgende Defizite gemeinsam: 1. Sie entsprechen keineswegs dem Selbstverständnis der Texte des Alten Testaments selbst. 2. Sie werden der Komplexität des Alten Testamens nicht gerecht. 3. Sie atmen, gewollt oder ungewollt, den Atem jenes »teaching of contempt«, der ein Aspekt der fatalen theologischen Judenfeindschaft ist, die *einer* der Auslöser des rassischen Antisemitismus war.

2. Die fatalen Folgen der Christianisierung der Bibel Israels für die Juden

Wie fatal der traditionelle Umgang der Christen mit der Bibel Israels sich für die Juden auswirken kann und de facto auswirkte, ist zunächst durch einen Blick in die Nazizeit unmißverständlich (und erschreckend zugleich) erkennbar.

In den 30er Jahren sind hier eine ganze Reihe von theologischen Stellungnahmen erschienen, die einerseits gegen die Nazis das Alte Testament als unaufgebbaren Teil der christlichen Bibel verteidigten, aber andererseits bei dieser Verteidigung gleichzeitig die Juden theologisch disqualifizierten und damit implizit (nicht immer gewollt) den Nazis in ihrer Judenvernichtungsstrategie in die Hände arbeiteten. Ich beschränke mich auf vier Positionen bzw. Zitate von christlichen Theologen aus jener Zeit (die im übrigen nach der Nazi-Epoche wieder in ihre Positionen zurückkehrten, als sei nichts gewesen):

In seiner 1930 erschienenen Kleinschrift »Altes Testament und Geschichte« plädiert Johannes Hempel, damals Herausgeber der renommierten »Zeitschrift für Alttestamentliche Wissenschaft« dafür, die Differenz zwischen »wirklichem Gotteswort« und »unterchristlichen Gedanken« im Alten Testament wahrzunehmen und dementsprechend das Christentum von jener Sicht im Alten Testament freizuhalten, die sich zwar selbst als »Wort Gottes« ausgibt, aber es doch nicht ist. Er schreibt:

»Auf das Ganze der Geschichte des A.T. in der Kirche gesehen, wird es wenige Stücke geben, die sich nicht je und dann einmal als lebendig wirksame Gottesworte aufweisen lassen. Aber es bleibt bei aller Vorsicht und bei aller Ablehnung jedes Versuches, mechanisch etwa den vorhandenen Kanon von solchen 'toten' Stücken zu befreien, doch die Tatsache bestehen, daß innerhalb der Heilsgeschichte, soweit sie sich in der Schrift bezeugt, Stücke des A.T. ihre lebendige Bezeugung als Gotteswort verloren hatten. 'Wisset ihr nicht, welches Geistes Kinder ihr seid?' Wir haben aber, wie nochmals betont sei, kein Wissen um ein Wort als Gotteswort außerhalb seiner Selbstbezeugung! Wir haben keinen Maßstab dafür, ob ein Wort einst Gotteswort war, wenn es nicht für uns Gotteswort ist. So liegt die Schwierigkeit einer theologischen Erfassung des A.T. nicht in der zeitgeschichtlichen Bedingtheit in allen ihren Ausprägungen, sondern darin, daß sich uns nicht das Ganze des A.T. als lebendiges Gotteswort bezeugt.«[11]

1932 schreibt Ernst Sellin, Verfasser einer bis in die 60er Jahre einflußreichen »Einleitung in das Alte Testament«, in einer als Verteidigung des Alten Testaments gemeinten Schrift »Abschaffung des Alten Testaments?«:

»Und wenn die evangelische Kirche nicht jetzt bis in die äußerste Peripherie ihrer Gemeinden hinein es sich in Fleisch und Blut

---

[11] J. Hempel, Altes Testament und Geschichte, Gütersloh 1930, 82.

übergehn läßt, daß in dem alttestamentlichen Schrifttum neben der durch die Jahrhunderte erschallenden Stimme des ewigen Gottes auch Äußerungen des jüdischen Volkstums erklingen, die für den Christen religiös längst erledigt sind und nur noch eine geschichtliche Bedeutung besitzen, dann müßte sie allerdings an dem A.T. ersticken.«[12]

1936 erklärt der in Göttingen lebende Theologe Emanuel Hirsch in seinem Buch »Das Alte Testament und die Predigt des Evangeliums«,

»... daß wir Christen nichtjüdischen Bluts überhaupt kein unmittelbares Verhältnis zum Alten Testament haben (es geht uns als Offenbarung an sich selbst nichts an), sondern lediglich ein durch das Neue Testament vermitteltes Verhältnis zum Alten Testament.«[13]

Emanuel Hirschs Absage an das Alte Testament steht im Kontext des Programms der »Entjudaisierung« des Christentums der sogenannten »Deutschen Christen«, deren Position zum Alten Testament schon 1933 der Neutestamentler Walter Grundmann folgendermaßen formuliert hatte:

»Das Alte Testament hat nicht den gleichen Wert [wie das Neue Testament]. Die spezifische jüdische Volkssittlichkeit und Volksreligion ist überwunden. Wichtig bleibt das Alte Testament, weil es die Geschichte und den Verfall eines Volkes überliefert, das trotz Gottes Offenbarung sich immer wieder von ihm trennte. Die gottgebundenen Propheten zeigen an diesem Volke uns allen: Die Stellung einer Nation zu Gott ist entscheidend für ihr Schicksal in der Geschichte.

---

[12] E. Sellin, Abschaffung des Alten Testaments?, Berlin/Leipzig 1932, 37.
[13] E. Hirsch, Das Alte Testament und die Predigt des Evangeliums, Tübingen 1936, 16.

Wir erkennen also im Alten Testament den Abfall der Juden von Gott und darin ihre Sünde. Diese Sünde wird vor aller Welt offenbar in der Kreuzigung Jesu. Von daher lastet der Fluch Gottes auf diesem Volke bis zum heutigen Tage. Wir erkennen aber gleichzeitig im Alten Testament die ersten Strahlen der Gottesliebe, die sich in Jesus Christus endgültig offenbart. Um dieser Erkenntnis willen kann die Volkskirche das Alte Testament nicht aufgeben.«[14]

An diesen vier Zitaten wird deutlich, daß es bei unserer Frage um den theologisch angemessenen Umgang der Christen mit der Jüdischen Bibel nicht um ein Gelehrtenproblem geht, sondern daß hier folgenreiche Entscheidungen für die Juden fallen. Daß eine Kirche, die sich von der jüdischen Dimension des Alten Testaments befreien will, kaum bzw. nicht fähig ist, sich *für die Juden* einzusetzen, wenn deren Existenz bedroht ist, wird dann kaum noch verwundern. Dies ist *einer* der vielen Aspekte der jahrhundertelangen theologischen Judenfeindschaft der Kirche, in der sie schuldig geworden ist gegenüber den Juden.

Über diese Form christlicher Mitverantwortung und Schuld an der Judenverfolgung, die schließlich zur Judenvernichtung der Schoa führt, hat, wenn ich recht sehe, die diesbezüglich angemessensten und weiterführendsten Worte die Landessynode der Evangelischen Kirche im Rheinland gefunden, die am 15. Januar 1988 in ihren »Überlegungen im Blick auf die 50. Wiederkehr des Jahrestages der Synagogenbrände« u.a. folgendes feststellt:

---

[14] Das Zitat ist eine der 28 Thesen, die W. Grundmann 1933 für die "Deutschen Christen" formulierte. Vgl. zur Rolle W.Grundmanns, dessen NT-Kommentare bis in die Gegenwart trotz ihrer antijüdischen Optionen immer noch einflußreich sind, die Studie: S. Heschel, Theologen für Hitler. Walter Grundmann und das »Institut zur Erforschung und Beseitigung des jüdischen Einflusses auf das deutsche kirchliche Leben«, in: L. Siegele-Wenschkewitz (Hg.), Christlicher Antijudaismus und Antisemitismus. Theologische und kirchliche Programme Deutscher Christen, 1993, 125-170.

»Uns geht es heute nicht darum, die damals für diese Untaten Verantwortlichen noch einmal anzuklagen. Es geht uns darum, daß die Nachgeborenen das überkommene Erbe prüfen: Haben wir - fünfzig Jahre nach dem Synagogenbrand - die antijüdischen Traditionen verlassen, in die das furchtbare Ereignis gehört?

Es war die Tradition der *religiösen Diffamierung*, als sei der Gott Israels nicht unser Gott und als sei das jüdische Volk nicht mehr Gottes Volk. Es war die Tradition der *gesellschaftlichen Ächtung*, die die Juden ins Getto verbannte und ihnen mühsam errungene Bürgerrechte zu entziehen bereit war.

Religiöse Diffamierung, gesellschaftliche Diskriminierung, verschärft durch den seit dem 19. Jahrhundert einwirkenden Rassismus, schufen die Voraussetzungen für die Judenvernichtung in der Mitte unseres Jahrhunderts ...

Nach der Zäsur des Holocaust läßt sich die abschüssige Bahn von der religiösen Diffamierung, der gesellschaftlichen Ächtung, dem Rassismus zur physischen Vernichtung nicht länger leugnen. Denker lieferten den Tätern Gründe zur Tat. Die Gründe lähmten die Zuschauer, den Tätern zu widerstehen.«[15]

Die schrecklichen Verdammungsurteile, mit denen christliche Theologen und Philosophen jahrhundertelang die Juden schmähten und zu Teufelskindern machten, die fatalen Etikettierungen von Judenbrut bis zu Gottesmördern, die dümmlichen blasphemischen Lügen von Christen über Hostienschändungen, Ritualmorde und Brunnenvergiftungen durch Juden, die Übertragung eigener Ängste, Aggressionen und Sünden nach dem Sündenbockmechanismus auf die Juden - das sind nur einige knappe Stichworte für das todbringende Gift, das kirchen- und lehramtlich über Jahrhunderte hinweg das Gewissen der europäischen Christenheit vergiftete und lähmte. Der theologisch legitimierte Ju-

---

[15] Abgedruckt in: KuI 3, 1988, 196-199.

denhaß der Christen war vorbereitend mit am Werke, als die rassistische Judenverfolgung und Judenvernichtung durch die Nazis ausbrach.

An dieser Schuld von christlicher Theologie und Kirche kommen wir nicht vorbei. Gerade das Eingeständnis dieser Schuld ist der unverzichtbare erste Schritt zu jener Erneuerung des christlich-jüdischen Verhältnisses, die endlich in den 60er Jahren in den christlichen Kirchen eingesetzt hat.

3. Das neue Verhältnis der Kirchen zum Judentum

Es war zwar für manche überraschend, spiegelte aber die für die christlichen Kirchen Europas und der USA charakteristische neue Sicht wider, als Papst Johannes Paul II. am 17. November 1980 in Mainz die Juden das »Gottesvolk des von Gott nie gekündigten Alten Bundes« nannte.[16] Damit beendete der Papst die jahrhundertelange kirchliche Lehrtradition von Israel als dem verworfenen Gottesvolk. Er tat dies bekanntlich in ausdrücklicher Aufnahme der von Paulus in Röm 9-11 (vgl. besonders Röm 11,29) enfalteten Lehre - und in Anknüpfung an die vom Zweiten Vatikanum am 28. Oktober 1965 verabschiedeten Erklärung »Nostra Aetate« über das Verhältnis der Kirche zu den nichtchristlichen Religionen. Die Bedeutung des Artikels dieser Erklärung sah der Papst bei seinem historischen Besuch der Synagoge in Rom am 13. April 1986 darin, daß »mit diesem kurzen, aber prägnanten Abschnitt die entscheidende Wende im Verhältnis der katholischen Kirche zum Judentum und zu den einzelnen Juden eingetreten«[17] ist. Daß das Konzil nach ungeheuer dramatischen Diskussionen sich schließlich doch zu dieser Erklärung durchrang, hing nicht zuletzt mit der Erkenntnis zusammen, daß es bei

---

[16] Vgl. R. Rendtorff /H.H. Henrix (Hg.), Die Kirchen und das Judentum. Dokumente von 1945-1985, Paderborn/München ²1989, 75.

[17] Vgl. R. Rendtorff/H.H. Henrix, Die Kirchen 42 (deutscher Text).

dieser Frage um das biblisch grundgelegte und geschichtlich zu verantwortende Selbstverständnis der Kirche geht.

Genau dies ist auch der Einstiegspunkt des 4. Artikels von »Nostra aetate«: »Mysterium Ecclesiae perscrutans, Sacra haec Synodus meminit vinculi, quo populus Novi Testamenti cum stirpe Abrahae spiritualiter coniunctus est«[18]. Das heißt: Indem und wenn die Kirche sich auf ihr ureigenes Geheimnis besinnt, stößt sie unweigerlich auf ihre Bindung zum Judentum. Um es mit den Worten Johannes Pauls II. (aus seiner Rede in der Synagoge von Rom) zu sagen: »Die jüdische Religion ist für uns nicht etwas 'Äußerliches', sondern gehört in gewisser Weise zum 'Inneren' unserer Religion. Zu ihr haben wir somit Beziehungen wie zu keiner anderen Religion. Ihr seid unsere bevorzugten Brüder und, so könnte man gewissermaßen sagen, unsere älteren Brüder.«[19] Das Gespräch der Kirche mit den Juden und mit der jüdischen Tradition, das seit dem Konzil auf vielen Ebenen begonnen hat und das trotz der immensen »Sprachprobleme« fortgesetzt werden muß, ist als konstitutives Element kirchlichen Lebens ein Akt der Rückkehr zu den Wurzeln - *und* eine Suche nach Weggemeinschaft mit dem zeitgenössischen Judentum. Wer hier oberflächlich, unverständig oder zynisch von theologischem Philosemitismus redet oder nur das schlechte Gewissen der Kirche am Werk sieht, hat die Tiefendimension des Bandes nicht erfaßt, das die Kirche und das Judentum unauflöslich verbindet (das Konzil gebrauchte mit »vinculum« einen Begriff des Eherechts!) und das die Kirche »zum Dialog mit der jüdischen Gemeinschaft verpflichtet«, wie Johannes Paul II. am 28. Oktober 1985 vor den Teilnehmern der Jahresversammlung der internatio-

---

[18] Vgl. R. Rendtorff/H.H. Henrix, Die Kirchen 108f.
[19] Vgl. R. Rendtorff/H.H. Henrix, Die Kirchen 109.

nalen Kommission für die Beziehungen zwischen der katholischen Kirche und dem Judentum formulierte.[20]

Mit der Konzilserklärung von 1965 hat die Kirche mutig begonnen, Schutt und Schmutz aus der Geschichte ihres Verhaltens gegenüber dem Judentum abzutragen und neue Wege der geforderten Solidarität mit dem jüdischen Volk zu bahnen. Das plakative Wort von der ecclesia semper reformanda ist gerade hier angemessen, wie der Papst in der eben zitierten Rede erkennen läßt: »Es wurde wiederholt gesagt, daß der Inhalt dieses Abschnitts... bahnbrechend war, die bestehende Beziehung zwischen der Kirche und dem jüdischen Volk verändert und eine neue Ära in dieser Beziehung eröffnet hat. Es freut mich, zwanzig Jahre später hier versichern zu können, daß die Früchte, die wir seit damals geerntet haben ..., die diesen Behauptungen zugrunde liegende Wahrheit bestätigen. Die katholische Kirche ist immer bereit, mit Hilfe der Gnade Gottes alles in ihren Haltungen und Ausdrucksmöglichkeiten zu revidieren und zu erneuern, von dem sich herausstellt, daß es zu wenig ihrer Identität entspricht... Sie tut das nicht aus irgendeiner Zweckmäßigkeit, noch um irgendeinen praktischen Vorteil zu gewinnen, sondern aus einem tiefen Bewußtsein von ihrem eigenen 'Geheimnis' und aus einer erneuerten Bereitschaft, dieses Geheimnis in die Tat umzusetzen.«[21]

Die Hauptaussagen des Konzils waren eine Abkehr von dem, was jahrhundertelang im Mund christlicher Theologen, in den Verordnungen kirchlicher und staatlicher Institutionen, aber auch im Denken und Reden des sogenannten einfachen Volkes zu finden war. Die »neuen« Aussagen über die Juden und über das Verhältnis der Kirche zu den Juden lassen sich in zwei Grundthesen zusammenfassen:

---

[20] Vgl. R. Rendtorff/H.H. Henrix, Die Kirchen 106.
[21] Vgl. R. Rendtorff/H.H. Henrix, Die Kirchen 104.

1.) Kirche und jüdisches Volk sind vielfältig miteinander verbunden - bis heute! Insbesondere hat die Kirche jüdische Wurzeln: Sie darf nie vergessen, daß sie »genährt wird (Präsens!) von der Wurzel des guten Ölbaums, in den die Heiden als wilde Schößlinge eingepfropft sind.«[22]

2.) In Absage an falsche Lehren der Christentumsgeschichte, vor allem in Katechese und Predigt, wird ausdrücklich eingeschärft, es widerspreche der biblischen Wahrheit, wenn gesagt wird, die Juden seien »von Gott verworfen oder verflucht«. Im Gegenteil bekräftigt das Konzil mit Zitat von Röm 11,28, daß die Juden »weiterhin von Gott geliebt werden«, der sie mit einer »unwiderruflichen Berufung« erwählt hat.[23]

Im Raum der evangelischen Kirchen kündigte sich die Revision des theologischen und kirchlichen Denkens schon früher an. Die EKD-Synode in Berlin-Weißensee formulierte bereits 1950 wegweisend: »Wir glauben, daß Gottes Verheißung über dem von ihm erwählten Volk Israel auch nach der Kreuzigung Jesu Christi in Kraft geblieben ist.«[24] Auf diesem Weg sind seither zahlreiche Gliedkirchen der EKD gefolgt. Und die EKD selbst hat zwei von ihrer Studienkommission »Kirche und Judentum« verfaßte Studien »Christen und Juden I« (1975) sowie »Christen und Juden II« (1991) publiziert,[25] die über den bislang erreichten Konsens hinaus den Fragehorizont abstecken, in dem künftig weiter gearbeitet werden muß.[26]

---

[22] Vgl. R. Rendtorff/H.H. Henrix, Die Kirchen 42.
[23] Vgl. R. Rendtorff/H.H. Henrix, Die Kirchen 42f.
[24] Vgl. R. Rendtorff/H.H. Henrix, Die Kirchen 549.
[25] Beide Studien sind veröffentlicht im »Gütersloher Verlagshaus Gerd Mohn« 1975. 1991.
[26] Einen ausgezeichneten Überblick bietet R. Rendtorff, Hat denn Gott sein Volk verstoßen? Die evangelische Kirche und das Judentum seit 1945. Ein Kommentar, München 1989.

Wenn das »neue« Denken, das ein für allemal alle Varianten (auch die subtilen und »frommen«!) der kirchlichen Lehre von der Verwerfung Israels positiv überwinden will, zugegebenermaßen etwas pathetisch, als »Wende«, »Umdenken« und »Umkehr« bezeichnet wird, kommt in der Tat zum Ausdruck, daß sich heute diesbezüglich ein Bruch in der Christentumsgeschichte vollziehen muß - ein Paradigmenwechsel. Wer sich hier a priori und aus welchen Gründen auch immer dem Gedanken eines »Bruchs« widersetzt, sollte sich bewußt machen: Die Lebendigkeit des Christentums hat sich nicht zuletzt in ihren kleinen und großen Unterbrechungen, Brüchen und Abbrüchen erwiesen. Theologisch wäre das Verharren auf den als falsch erkannten Positionen genau das, was das Neue Testament »Sünde gegen den Heiligen Geist« nennt. Der Widerstand gegen das »neue« Denken gerade in breiten Kreisen der wissenschaftlichen Theologie ist zwar einerseits verständlich, wenn man um die lange Tradition der theologisch motivierten Judenfeindschaft weiß. Aber es ist andererseits unverantwortlich, wenn man die fatalen Folgen der Entfremdung bedenkt; daß die theologische Diskriminierung der Juden *eine* der Wurzeln des neuzeitlichen Antisemitismus war, dürfte heute kaum noch jemand ernsthaft bestreiten können.

Was das Verhältnis der Kirche zum Judentum betrifft, stehen wir damit vor einem theologischen Neuanfang. Die »Wiederentdeckung« der bleibenden theologischen Würde Israels fordert auf vielen Feldern unserer Theologie und unseres kirchlichen Lebens einen gewaltigen Perspektivenwechsel - auch und gerade im Umgang mit jenen Heiligen Schriften, die wir als Bibel mit den Juden gemeinsam haben.

Ich meine in der Tat: Ein neuer Umgang mit der Bibel Israels, unserem sogenannten Alten Testament, ist gefordert; er ist zugleich Prüfstein unserer kirchlichen Erneuerung im Angesicht des Judentums.

II. Eckdaten eines neuen Umgangs mit der Bibel Israels
1. Fundament des Christentums

Die christlichen Gemeinden haben im Gottesdienst von Anfang an biblische Texte als Gottes Wort vorgelesen und ausgelegt. Biblische Texte waren normativ und formativ für christliche Existenz in der Nachfolge Jesu. Sprache und Bilder der Bibel bildeten die kulturelle Matrix der ersten Jüngerinnen und Jünger Jesu. *Diese* Bibel der Christen war bis ins 2. Jh. hinein die *Jüdische* Bibel. Für das Urchristentum war diese Bibel nicht das »Alte Testament« im Sinne einer zweitrangigen oder gar veralteten Offenbarung. Auch als im 2. Jh. die ab der Mitte des 1. Jhs. sukzessiv entstandenen spezifisch »christlichen« Evangelien und Apostelbriefe in der Kirche den Rang »Heilige Schrift« erhielten, traten die »neuen« heiligen Bücher nicht an die Stelle der Bibel Israels. Zwar gab es damals vereinzelte, massiv vorgetragene Versuche, die Jüdische Bibel als für christliche Identität nicht (mehr) relevant oder sogar als im Gegensatz zur Botschaft Jesu stehend zu verwerfen, doch hat die Kirche dieser »Entjudaisierung« ihrer Bibel widersprochen, wohl wissend, daß die Bibel Israels das Fundament der Gottesbotschaft Jesu *und* des Bekenntnisses zu Jesus dem Christus war und ist.

Als die Kirche ihre Heilige Schrift erweiterte, traf sie zwei wichtige Entscheidungen: 1. Sie stellte die »neuen« Schriften nicht vor, sondern hinter die Bibel Israels; so entstand die eine, zweigeteilte christliche Bibel. 2. Sie griff nicht in den *jüdischen* Wortlaut des ersten Teils ein, auch nicht dort, wo in einem neutestamentlichen Text eine christologisch/christlich motivierte Relecture eines alttestamentlichen Textes vorlag. Daß die Kirche die Jüdische Bibel *so* in *ihrer* Bibel beibehielt, entsprach der in den neutestamentlichen Schriften selbst und in den wichtigen Glaubensbekenntnissen der alten Kirche sich aussprechenden Überzeugung, daß die Bibel Israels das unaufgebbare Fundament des

Christentums ist. Bei aller Polemik, die das sich profilierende junge Christentum gegen die jüdische Mehrheit entwickelte, die *seinen* Weg nicht gehen wollte, hielten die neutestamentlichen Autoren auch nach der Tempelzerstörung (70 n.Chr.), wie es scheint noch dezidierter als zuvor, daran fest: Christliche Identität gibt es nur, auch für das Heidenchristentum, in der bleibenden Rückbindung an das Judentum, an die jüdische Kultur und insbesondere an die Jüdische Bibel. Selbst als faktisch aus vielfältigen Gründen die Brücken zwischen Kirche und »Synagoge« abgebrochen wurden, blieb die Kirche, auch wenn es ihr offensichtlich schwer fiel, dabei: »Nicht du trägst die Wurzel, sondern die Wurzel trägt dich« (Röm 11,18).

2. Auslegungshorizont des Neuen Testaments

Daß das Christentum der Jüdischen Bibel als seines Fundamentes bedarf, ist beinahe auf jeder Seite des Neuen Testaments buchstäblich zu greifen. Um die Botschaft vom endzeitlichen Wirken Gottes in und durch Jesus Christus nahezubringen, werden immer wieder »die Schrift«/»die Schriften« (d.h. die Jüdische Bibel) wörtlich zitiert oder motivlich eingespielt. »Gesetz und Propheten« sind explizierender und legitimierender Horizont für das neutestamentliche Christuszeugnis.

Was die Bibel Israels für den Christusglauben leistet, aber auch was sie allein *nicht* leisten kann, zeigt beispielhaft die Erzählung von den zwei Emmausjüngern am Schluß des Lukasevangeliums (vgl. Lk 24,13-35): 1. Den zwei »blinden« Jüngern rekapituliert der aus dem Tod auferweckte Jesus nicht einfach seine eigene Predigt und seine Wunder, schon gar nicht als das ganz und gar andere, neue Handeln Gottes, das im Gegensatz zu seinem bisherigen Handeln an und in Israel stünde. Im Gegenteil: Er betont den tiefen Zusammenhang (die Kontinuität) zwischen »Gesetz und Propheten« und ihm selbst. Pointiert gesagt: Er macht keine

Wortexegese von »Gesetz und Propheten«, sondern exegesiert sich selbst von der Schrift Israels her. 2. Daß die beiden Jünger zum Christusglauben finden, bedarf der lebendigen Begegnung mit dem Auferweckten selbst. Nicht einmal seine Exegese allein hat sie dazu geführt. Erst als er mit ihnen die jüdische Beraka (d.h. das eucharistische Segensgebet) spricht, werden ihnen die Augen geöffnet. Die »Schrift« ist Voraussetzung und Hilfe für den Christusglauben, aber die »Schrift« führt nicht von selbst zu Jesus als dem Christus.[27]

Mit ihrem ausdrücklichen Rückgriff auf »die Schrift« und durch das subtile Einspielen von Vorstellungs- oder Geschehenszusammenhängen aus der Bibel Israels wollen die neutestamentlichen Autoren nicht »die Schrift« auslegen. Ihnen geht es um ein Verstehen und Näherbringen des Christusereignisses als einer weiteren in ihrer Sicht endgültig entscheidenden Heilssetzung Gottes »von der Schrift her«, d.h. von der als bekannt und autoritativ anerkannt vorausgesetzten Bibel Israels her. Die neutestamentlichen Autoren lassen weder Jesus einen alttestamentlichen Text zitieren, noch zitieren sie selbst einen solchen, *um* damit diesen Text verbindlich christlich auszulegen, so als wäre dies der *einzige* Sinn des Textes. Das Problem der jungen Kirche, gerade im Angesicht des lebendigen Judentums, war nicht, wie sie mit der Bibel Israels umgehen sollte. »Man darf nicht sagen, daß das Alte Testament für die ersten Christen aus sich selbst keine Autorität gehabt habe und nur darum übernommen worden sei, weil man sah, daß es 'Christum trieb' oder auf Christus zutrieb. Die kritische Frage, auf die Luthers bekannte, viel mißbrauchte Formulierung Antwort gibt, war noch gar nicht gestellt. Die Dinge liegen eher umgekehrt: Christus wird vor den Ungläubigen wohl aus der Schrift gerechtfertigt, aber das entgegengesetzte Bedürfnis, die Schrift von Christus her zu rechtfertigen, ist noch nirgends er-

---

[27] Diesen hermeneutischen Ansatz entfaltet H. Frankemölle, Matthäus. Kommentar 1, Düsseldorf 1994, 34-36.

wacht.«[28] Daß die Kirche die Bibel Israels zum ersten Teil ihrer Bibel gemacht hat, hat programmatische Bedeutung: Die Bibel Israels hatte den unbestrittenen Offenbarungsanspruch. Sie hatte kanonische Qualität und Autorität. Auf sie griffen deshalb die Jesusjünger zurück, um ihrer Jesusbotschaft kategoriale Mitteilbarkeit, Überzeugungskraft und Gültigkeit zu geben. Dabei wird nicht das Alte Testament vom Neuen her gelesen, sondern umgekehrt gilt: Das Neue Testament ist vom Alten Testament her geschrieben; das *Neue Testament muß im Lichte des Alten Testaments gelesen werden*[29]. Das Alte Testament im Neuen ist »mater et magistra Novi Testamenti« (Mutter und Lehrerin des Neuen Testaments). In Abwandlung des vielzitierten Wortes des altkirchlichen Schriftgelehrten und Bibelübersetzers Hieronymus »Die Schrift nicht kennen heißt Christus nicht kennen« kann gesagt werden: Das Alte Testament nicht kennen und verstehen heißt Christus und das Christentum nicht verstehen.

3. Altes Testament oder Erstes Testament?

Man kann fragen, ob die grundlegende Funktion des ersten Teils der christlichen Bibel nicht verkannt wird, wenn man ihn traditionell »Altes Testament« nennt. Das Neue Testament selbst kennt weder ein »Altes« Testament noch »Alte« Schriften als Sammelbegriff für die Jüdische Bibel. Erst die gezielte Absetzung der Kirche vom Judentum hat diesen Begriff geschaffen. Das ist die Hypothek, die bis heute auf ihm lastet. Voraussetzung für diese Bezeichnung war, daß man die beiden »Testamente« überhaupt als *zwei* Größen empfand, deren Verhältnis zueinander dann näher zu bestimmen war. Dafür waren zunächst sogar die

---

[28] H. von Campenhausen, Die Entstehung der christlichen Bibel, Tübingen 1968, 78.
[29] Vgl. dazu auch den »Katechismus der Katholischen Kirche«: »Im übrigen will das Neue Testament auch im Lichte des Alten Testaments gelesen sein« (Nr. 129).

äußeren Bedingungen nicht gegeben. In der Praxis zerfiel die christliche Bibel im frühen Christentum in mehrere Schriftrollen oder Codices; das belegt auch der Sprachgebrauch »biblia« = (mehrere) Bücher. Wie sehr die konzeptionelle »Einheit« im Vordergrund stand und daß sie als Einheit von ihrem Anfang her gedacht wurde, belegt die in der frühen afrikanischen Kirche für die *ganze* Bibel verwendete Bezeichnung »lex« (= Gesetz/Tora).

Nun *muß* die Bezeichnung »Altes Testament« nicht notwendigerweise negative Konnotationen haben. So lange »alt« im Sinne von Anciennität (altehrwürdig, kostbar, bewährt) und Ursprung seine positiven Konnotationen behält, kann die Bezeichnung gewiß akzeptabel bleiben, zumal sie selbst »alt« ist. Und wenn man sich bewußt macht, daß dies eine *spezifisch* christliche Bezeichnung ist, die daran erinnert, daß es das Neue Testament nicht ohne das Alte Testament gibt, kann man sie als legitimen Appell an die fundamentale Wahrheit hören, daß die christliche Bibel aus zwei Teilen besteht, deren Gemeinsamkeit *und* Differenz zugleich (Kontinuität *und* Diskontinuität) festgehalten werden muß. Freilich muß man sich daran erinnern, daß dies eine Bezeichnung ist, die *weder* dem Selbstverständnis des Alten Testaments entspricht *noch* dem jüdischen Verständnis dieser Schriften angemessen ist. Als solche ist sie anachronistisch und, wie die Rezeptionsgeschichte im Christentum zeigt, der Auslöser permanenter Mißverständnisse. Deshalb müßte sie eigentlich immer in Anführungszeichen gesetzt - oder durch eine andere Bezeichnung ersetzt oder zumindest ergänzt werden. Diese korrigierende Funktion könnte von der Bezeichnung »Erstes Testament« ausgeübt werden.

Diese Bezeichnung als solche ist sogar biblischer als »Altes Testament«. Sie kommt nicht nur im Hebräerbrief vor (vgl. Hebr 8,7.13; 9,1.15.18), sie wird auch in der griechischen Übersetzung (Septuaginta) von Lev 26,45 verwendet, wo sie - anders als im Hebr - uneingeschränkt positiv den »ersten« Bund am Sinai als »Bund zur Vergebung der Sünden« (vgl. Lev 26,39-45) im Sinne des gründenden und weiterwirkenden Anfangs meint. Genau *diesen* Aspekt kann die Bezeichnung herausstellen: Der erste Teil der christlichen Bibel ist das *grundlegende Fundament*, das zuerst gelegt wurde und auf dem das im »Zweiten Testament« bezeugte neue Handeln Gottes an und durch Jesus und an denen, die Jesus nachfolgen, so aufruht, daß es dessen erneute und endgültige Aktualisierung ist.

Die Bezeichnung hat mehrere positive Implikationen: 1. Sie vermeidet die traditionelle Abwertung, die sich assoziativ und faktisch mit der Bezeichnung »Altes Testament« verbunden hat. 2. Sie gibt zunächst den historischen Sachverhalt korrekt wieder: Es ist gegenüber dem »Neuen«/Zweiten Testament in der Tat als »erstes« entstanden, und es war die erste Bibel der jungen, sich formierenden Kirche.[30] 3. Sie formuliert theologisch richtig: Es bezeugt jenen »ewigen« Bund, den Gott mit Israel als seinem »Erstgeborenen« Sohn (vgl. Ex 4,22; Hos 11,1) geschlossen hat, als »Anfang« jener großen »Bundesbewegung«, in die der Gott Israels auch die Völkerwelt hineinnehmen will. 4. Als »Erstes« Testament weist es hin auf das »Zweite Testament«. So wie letzteres nicht ohne ersteres sein kann, erinnert auch die christliche Bezeichnung »Erstes Testament«, daß es in sich keine vollständige christliche Bibel ist.

Auch diese Bezeichnung ist nicht ohne mögliche Mißverständnisse. Da viele beim Wort »Testament« in der Zusammensetzung

---

[30] Vgl. H. von Campenhausen, Die Entstehung 110: »Hätte man einen Christen um das Jahr Hundert gefragt, ob seine Gemeinde ein heiliges und verbindliches Buch göttlicher Offenbarung besäße, so hätte er die Frage stolz und ohne zu zögern bejaht: die Kirche besaß solche Bücher, das 'Gesetz und die Propheten', das heute sogenannte Alte Testament. Über hundert Jahre lang, noch um die Mitte des zweiten Jahrhunderts bei Justin, erscheint das Alte Testament als die einzige, maßgebende und völlig ausreichende Schrift der Kirche ...; daß zur Sicherung über das Alte Testament hinaus weitere, schriftliche Urkunden erwünscht oder erforderlich sein könnten, kam ihm nicht in den Sinn.«

»Erstes Testament« die technische Bedeutung »letztwillige Verfügung« assoziieren, werden sie fragen: »Hebt nicht ein Zweites Testament das Erste Testament auf?« Das *kann, muß* aber nicht sein. Es kann ja auch sein, daß das Zweite Testament *das Erste Testament bestätigt* - und den Kreis der »Nutznießer« des Ersten Testaments *erweitert*. Und genau das ist beim »Neuen Testament« als Zweitem Testament der Fall: In ihm wird bezeugt, *daß* und *wie* der Gott Israels, der Schöpfer des Himmels und der Erde ist, durch Jesus den Christus seine Bundesgeschichte »endgültig« auf die Völkerwelt hin geöffnet hat.

4. Der spannungsreiche Dialog der beiden Teile der *einen* christlichen Bibel

Daß die Bibel einerseits »ein Buch«, andererseits eine »Bücherei«, eine ganze Bibliothek ist, hält die Tradition in der Bezeichnung »Bibel« fest. Das ihr zugrunde liegende mittellateinische Wort *biblia* wurde seit dem 12. Jh. als femininer Singular mißverstanden, so daß es zur Redeweise »*die* Bibel« kommen konnte. Ursprünglich ist das griechische *ta biblia* eine Pluralbildung, mit der schon Flavius Josephus die jüdische Bibel benannte. Johannes Chrysostomus weitete die Bezeichnung auf das gesamte Alte und Neue Testament aus. Wenn das Neue Testament auf »die Schrift*en*« hinweist, meint es damit manchmal zwar den entsprechenden *Teil* des Ersten Testaments (Psalmen und Weisheitsbücher), oft aber das Erste Testament als Ganzes und zwar in seiner Vielgestaltigkeit.

Zwar sind die sowohl in literarischer wie in theologisch-konzeptioneller Hinsicht so unterschiedlichen biblischen Schriften von der sie sammelnden Tradition in gewisse Ordnungsschemata gebracht worden. Aber eine »Einheit« mit einer begrifflich oder konzeptionell beschreibbaren Mitte oder Systematik bilden sie nicht - auch wenn sie als eine einzige Größe, eben »die Schrift« bzw. »die Schriften«, bezeichnet und betrachtet werden. Ihre

»Einheit« liegt eher in ihrer Funktion als »kanonisches« Dokument von Judentum und Kirche denn in ihrem Inhalt.

Die Polyphonie des Ersten Testaments ist von seinen »Arrangeuren« erkannt und als solche akzeptiert worden. Die Vielschichtigkeit und Mehrstimmigkeit ist nicht einfach die (leider) unvermeidbare Folge der Tatsache, daß dieses Opus eine so komplexe und lange Entstehungsgeschichte hat; zumindest wäre es ja möglich gewesen, daß eine glättende Schlußredaktion eine »Einheit« hergestellt hätte (wie wir dies z.b. bei Konzilsdokumenten oder Papstenzykliken kennen). Auch die Tatsache, daß hier so unterschiedliche Formen, Motive und Kompositionstechniken verwendet werden, muß eine fundamentale »Einheitlichkeit« nicht von vornherein ausschließen. Nein: Die komplexe und kontrastive Gestalt des Ersten Testaments ist zum größten Teil ausdrücklich gewollt. Daß und wie die Töne, Motive und Melodien, ja sogar die einzelnen Sätze dieser polyphonen Sinfonie (= Zusammenklang!) miteinander streiten und sich gegenseitig ins Wort fallen, sich ergänzen und bestätigen, sich widersprechen, sich wiederholen und sich variieren - das ist kein Makel und keine Unvollkommenheit dieses Opus, sondern seine intendierte Klanggestalt, die man hören und von der man sich geradezu berauschen lassen muß, wenn man sie als Kunstwerk, aber auch als Gotteszeugnis erleben will.

Was die historische Kritik zum Ausgangspunkt ihrer Hypothesen zur komplexen Entstehungsgeschichte der Bibel und einzelner Teile gemacht hat und macht, insbesondere die sogenannten Dubletten, Widersprüche, semantischen und stilistischen Differenzen, darf nicht so mißverstanden werden, als hätten die »Bearbeiter« und die »Redaktoren« die Spannungen nicht bemerkt. Im Gegenteil: Es ist eben das Proprium der Bibel, daß eine solche Komplexität gezielt geschaffen und aus theologischem (!) Interesse beibehalten wurde. Wenn man unbedingt von einer »Einheit« des Ersten Testaments reden will, dann ist dies höchstens eine komplexe, spannungsreiche, unsystematische und kontrastive Einheit. Statt von »Einheit« sollte man vielleicht konsequenter von »Zusammenhang« reden, dessen Vielgestaltigkeit zum Diskurs und zum Streit über/um die Wahrheit provozieren will.

Dies gilt analog für das Neue Testament *und* für die christliche Bibel als Ganzes: Daß alle Überlieferungen auf den einen und einzigen Gott Israels bezogen sind, der der Schöpfer der Welt und der Vater Jesu Christi ist, konstituiert ihren dramatischen Zusammenhang - und provoziert den (innerjüdischen, innerchristlichen und jüdisch-christlichen) Streit um die Gotteswahrheit, die sich nur einstellt, wenn man sich auf den leidenschaftlichen Dialog einläßt, den die vielen Stimmen der Bibel miteinander führen. Die Kanonisierung der vielen Stimmen der Bibel ist so der kanonisierte innerbiblische Dialog.

Insofern die frühe Kirche das Erste Testament in seiner *jüdischen*, christlich *nicht* bearbeiteten Textgestalt *neben* dem Neuen Testament beibehalten hat, wird eine Lese- und Verstehensweise des Ersten Testaments als *in sich* verstehbaren Textes nahegelegt - etsi Novum Testamentum non daretur (»als ob es das Neue Testament nicht gäbe«).

Als vorgängig zum und unabhängig vom Neuen Testament gelesene Büchersammlung wird das Erste Testament zur *Herausforderin* und *Rivalin* des Neuen Testaments. Sie ist auf bestimmten Lebens- und Glaubensfeldern ihrer neutestamentlichen Konkurrentin überlegen, auf anderen Feldern erhebt sie heilsamen Einspruch gegen allzu vorschnelle Reden des Neuen Testaments und auf wieder anderen Feldern muß sie sich durch das Neue Testament in Frage stellen oder ergänzen lassen. Läßt man beide Testamente als Rivalinnen im Streit um die Gotteswahrheit zu, kann aus ihrer Korrelation und Konfrontation eine neue, produktive Lektüre der einen, zweigeteilten Bibel hervorgehen, die keines der beiden allein und in sich selbst ermöglichen würde.

Das Erste Testament kann seine Rolle als Herausforderin, Rivalin und Kommentatorin des Neuen Testaments freilich nur spielen, wenn man ihm sein *Eigenwort mit Eigenwert* beläßt - und vor allem, wenn man seine Vielgestaltigkeit und seine Andersartigkeit nicht mit der christlichen Brille übersieht. So wichtig es ist, gegenüber allen alten und neuen Formen des Markionismus die Traditions- und Bekenntniskontinuität vom Alten zum Neuen Testament zu betonen, so notwendig ist es zugleich, die Differenzen gelten zu lassen, damit zwischen beiden Teilen unserer Bibel ein produktiver Streit über das in beiden Teilen sich aussprechende Zeugnis von dem einen und einzigen Gott entstehen kann.

Den methodisch reflektierten Versuch, die beiden Teile der christlichen Bibel so miteinander zu korrelieren und zu konfrontieren, daß ein produktiver Streit um die Wahrheit entsteht, in den sich der Leser hineinnehmen läßt, könnte man eine *»Hermeneutik der kanonischen Dialogizität«* nennen. Legt man die (vielleicht etwas zu einfache) Unterscheidung zugrunde, wonach es eine autor- und eine leserorientierte Hermeneutik gibt, gehört die Hermeneutik der kanonischen Dialogizität zum Typ der leserorientierten Hermeneutik, insofern sie zwischen Texten der beiden Testamente ein Beziehungsgeflecht bzw. einen Dialog herstellt, der nicht unbedingt von den Autoren, sondern von den Lesern dieser Texte - im Horizont ihrer Glaubensgemeinschaft - intendiert/produziert sein muß. Theologisch gesprochen: Dieses Beziehungsgeflecht erschließt den Sinn der Texte, insofern sie Teile der kanonisierten Bibel sind (die sog. mens sacrae scripturae). Während es Aufgabe der historisch-kritischen Exegese ist, den vom Verfasser eines Textes intendierten Sinn zu erforschen (die sog. mens auctoris), geht es hier darum, die intertextuell erkennbaren Textbezüge zwischen erst- und neutestamentlichen Texten in einen »kanonisierten« bzw. »kanonischen« Dialog zu bringen. Diese (post-strukturalistische) Methode will den »zitierten« / »eingespielten« ersttestamentlichen Prätexten wieder ihr

»Eigenleben« zurückgeben, indem diese in ihrem ursprünglichen Sinn gelesen werden, und ein produktives, kontrastives »Schriftgespräch« zwischen beiden Teilen der einen christlichen Bibel initiieren.

Methodisch hat keiner der beiden Teile einen Vorrang, sondern die Texte gelten als zunächst einmal gleichberechtigte Partner im Streit und im Diskurs, weil sie nun in der *einen* (gleichwohl komplexen) Bibel stehen und als unterschiedliche, miteinander rivalisierende Zeugnisse des *einen* und *einzigen* Gottes gehört werden wollen. Das Neue Testament ist für Christen kein bloßer Zusatz oder Anhang zum Ersten Testament und das Erste Testament ist kein bloßes Vorwort oder nur eine (eigentlich unwichtig gewordene) Vorgeschichte des Neuen Testaments, sondern sie bilden ein polyphones, polyloges, aber dennoch zusammenklingendes Ganzes, das nur als *solches* »Wort Gottes« ist, das vom dramatischen Geschehen der Erlösung der ganzen Welt kündet, dessen »letzter« Akt mit dem Messias Jesus ist.

III. Wie also soll die Kirche die Bibel Israels heute lesen?

Vor dem skizzierten Hintergrund lassen sich auf die Frage »Wie also sollen wir Christen künftig unser sogenanntes Altes Testament neu und anders als bisher lesen?« mindestens folgende vier Antworten geben:

1. Als Gottes-Wahrheit über die Juden

Die erste Antwort auf unsere Frage ist so einfach wie folgenreich zugleich: Die Kirche muß diese Texte als Bibel Israels lesen, d.h. als *Gottesbotschaft an und über das jüdische Volk*. Das ist so einfach, weil die Texte es ja selbst so sagen. Dies läuft freilich unseren christlichen Vereinnahmungsgewohnheiten zuwider, in denen wir am liebsten *alles* so auf uns beziehen, daß es »eigentlich« uns gegeben ist. Daß *alles*, was in den Heiligen

Schriften des Ersten Testaments geschrieben ist, zu unserer Belehrung geschrieben ist (Röm 15,4), heißt ja nicht, daß alles *über uns* geschrieben ist. Nein: Zuallererst müssen wir lernen, diese Heilige Schrift als Gottesbotschaft über die Liebe Gottes *zu Israel* zu hören - und zuallererst als »Gottesgeschichte, d.h. als Zeugnis über jenen Gott, der auf *vielerlei Weise* geredet und gehandelt hat. Wer seine Mutter und seinen Vater bewundert und liebt, wird sich nicht nur an dem begeistern, was die Eltern mit ihm und für ihn tun. Er/sie wird sich mindestens, vielleicht sogar mehr faszinieren lassen von allem, was die Eltern sonst noch bzw. überhaupt tun und sind. *So* sollen wir Christen zuallererst die Gottesbotschaft des Ersten Testaments hören: als *judaica veritas*, als Wahrheit über Israel. Wir müssen sie hören nicht nur als Gottes Wort über das »alttestamentliche« Israel, sondern auch über das »nachbiblische« Israel *und* über unser Verhältnis zu diesem Israel. So können wir lernen, die Mißverständnisse und die Verzerrungen zu überwinden, die eine falsche christliche Theologie jahrhundertelang über das Judentum verbreitet hat. Im unvoreingenommenen Hören auf die Botschaft der Bibel Israels können wir neu entdecken: daß der Gott des sog. Alten Testaments ein Gott der Güte und der Barmherzigkeit ist; daß die Tora Israels nicht ein unfrei machendes »Gesetz«, sondern eine beglückende Wegweisung ist; daß die Geschichte Gottes mit Israel hinzielt auf das alle Völker in Frieden zusammenführende Gottesreich.

2. Als Buch vom Neuen Bund

Wir Christen sollen die Jüdische Bibel lesen als Botschaft vom Ewigen Bund, den Gott mit der Schöpfung und mit Israel geschlossen hat und den er in Jesus, dem Kind Israels, erneuert hat und dessen Verheißungspotential schier unerschöpflich ist - bis ans Ende der Zeiten. Der Neue Bund, in dessen Gnade wir Christen leben, ist kein Bund neben dem Bund Gottes mit Israel oder gar ein Bund, der den Gottesbund mit Israel aufhebt. Es ist ein und derselbe Bund, an dem Juden und Christen auf unterschiedliche Weise teilhaben.

Norbert Lohfink hat 1989 in seinem Buch »Der niemals gekündigte Bund«, das was sich in den Köpfen des Normalchristen diesbezüglich mit der Rede vom »Bund« verbindet, folgendermaßen charakterisiert:

»Der Normalchrist stellt sich bei der Rede vom 'alten' und vom 'neuen' Bund die Dinge so vor, daß es zwei 'Bünde' gibt, einen 'alten' und einen 'neuen'. Sie folgen aufeinander. Als der Messias Jesus kam, wurde der 'alte Bund' durch den 'neuen Bund' abgelöst...

Wenn wir Christen vom 'neuen Bund' reden, betrachten wir die heutigen Juden als die Nachkommen jener Juden, die einst den Weg in den 'neuen Bund' nicht gefunden haben. Da der 'alte Bund' jetzt nicht mehr existiert, sind sie in *keinem* Bund mehr, auch wenn sie natürlich selber meinen, im alten oder nach ihrer Auffassung vielmehr einzigen Bund zu sein.«[31]

Daß dies eine theologisch irrige Auffassung ist, hat Papst Johannes Paul II. bekanntlich bei seiner am 17. November 1980 in Mainz vor Repräsentanten des deutschen Judentums gehaltenen Rede dadurch unterstrichen, daß er ihr seine auf Röm 9-11 gegründete Erklärung entgegengesetzt hat, wonach Israel das Volk des von Gott nie gekündigten Bundes ist. Dieser mit Israel geschlossene Bund ist in und durch Jesus auf die Völkerwelt geöffnet worden. Deshalb brauchen wir als Kirche das Erste Testament als Zeugnis von der Stiftung *dieses* Bundes mit Israel. Ohne dieses Zeugnis wäre die christliche Rede vom Neuen Bund grundlos.

---

[31] N. Lohfink, Der niemals gekündigte Bund. Exegetische Gedanken zum christlich-jüdischen Gespräch, Freiburg 1989, 21f.

3. Als Gottes-Botschaft auch an uns Christen, die im Neuen Testament nicht oder *so* nicht enthalten ist

Wir Christen dürfen die Bibel Israels auch als unverzichtbaren und kostbaren Teil unserer Bibel hören und lesen - als eine Lebenshilfe, die uns *so* nicht im Neuen Testament begegnet. In mancher Hinsicht ist das Erste Testament eine notwendige Ergänzung zum Zweiten Testament, ja, in mancher Hinsicht weist es ihm gegenüber sogar ein Plus auf. Während das Zweite Testament in der Gestalt Jesu Christi sozusagen die Idealgestalt erlösten Lebens und Sterbens verkündet, konfrontiert das Erste Testament stärker mit der Realität des Durchschnittsalltags. Ist das Zweite Testament das Buch von Christus, so ist das Erste Testament das Buch von Gott, der Welt und den Menschen.

Worin der für Christen *notwendige »Gesprächsbeitrag«* des Ersten Testaments besteht, läßt sich in drei knappen Punkten so andeuten:

(1) Zeugnis vom einzigen, lebendigen und lebendigmachenden Gott

Daß in den gängigen Handbüchern, die sich »Theologie des Neuen Testaments« nennen, meist nur auf wenigen Seiten von Gott die Rede ist, oder daß man sich gar mit dem Hinweis begnügt, »Jesus habe voraussetzen können, daß jedermann wußte, wer der Gott Israels sei, 'der Schöpfer, Weltregent, Gesetzgeber und Richter'«[32] (H. Haag, mit Verweis auf H. Conzelmann), macht unbestreitbar deutlich: Ohne die eindrucksvollen Gottesbegegnungserzählungen des Pentateuch und der sogenannten Geschichtsbücher, ohne das leidenschaftliche Beten zu Gott, wie dies in den Psalmen und im Buch Ijob geschieht, ohne die Zwei-

---

[32] H. Haag, Das Plus des Alten Testaments, in: ders., Das Buch des Bundes. Aufsätze zur Bibel und zu ihrer Welt, Düsseldorf 1980, 304, mit Verweis auf H. Conzelmann, Grundriß der Theologie des Neuen Testaments, München 1967, 118.

fel an Gott im Stil des Kohelet, aber auch ohne die prophetische Rede von Gott, der nicht neutral bleiben kann, wenn die Lebens- und Freiheitsrechte seines Volkes bedroht sind - kurz: ohne die Theo-Logie des Ersten Testaments wird die neutestamentliche Christo-Logie grund- und geschichtslos. Daß der biblische Gott ein lebendiger Gott ist, der sich im Leben seiner Verehrer erweist, indem diese ihr Leben von ihm prägen lassen, ist das Grundaxiom, mit dessen Konkretheit uns das Erste Testament viel plastischer konfrontiert als das Zweite (Neue) Testament. Und wie sähen eine christliche Schöpfungstheologie und eine kosmische Eschatologie aus, wenn es das Erste Testament nicht gäbe? Das Erste Testament ist gewissermaßen das »monotheistische Gewissen« des Christentums. Es kann und muß die Christen vor der immer wieder drohenden Häresie des Christomonismus schützen - und vor einer hellenisierenden Auflösung der Gotteswirklichkeit in 'schöne' Gottesideen.

(2) Einspruch gegen privatistische und weltflüchtige »Spielarten« des Christentums

Der erste Teil der christlichen Bibel ist ein heilsamer Stachel gegen die in der Christenheit immer wieder durchschlagende Versuchung, Erlösung und Heil in die individuelle Seele oder ins Jenseits zu verlagern. Das Erste Testament schärft ein Verständnis von Heil ein, das den Zusammenhang mit sichtbaren, erfahrbaren Veränderungen in der geschichtlichen, gesellschaftlichen und politischen Wirklichkeit zur unverzichtbaren Voraussetzung hat. Erlösung ist »alttestamentlich niemals anders denn als ein Geschehen vorstellbar, das zutiefst in die soziale Lebenswelt der menschlichen Gesellschaft eingreift und *dort* in seiner messianischen Qualität überprüfbar bleibt«.[33] Die Botschaft vom Kommen des Gottesreichs läßt sich vom Ersten Testament her weder auf

---

[33] K. Müller, Biblische Begriffe in jüdischer Sicht: CiG 36, 1984, 423.

den inneren Seelenfrieden noch auf eine nur im Glauben wahrnehmbare Realität reduzieren.

Gegen alle Spielarten des privatistischen, individualistischen und spiritualisierten Christentums protestiert das Erste Testament. Nicht nur an die Sozialkritik der Propheten ist hier zu erinnern, sondern auch an jene Passagen aus den Büchern Exodus, Levitikus, Numeri und Deuteronomium, die uns Christen weniger vertraut sind, die aber in der jüdischen Überlieferung sehr großes Gewicht erhielten. Sieht man nämlich näher zu, so erzählen diese Bücher davon, daß und wie die Erlösung Israels aus den Sklavenlagern des Pharao ein geschichtliches, politisches Ereignis war. Und sie schärfen vor allem die fortdauernde Bedeutsamkeit dieses Geschehens für Israel ein, indem sie die Dimensionen der Verbesserung und Vermenschlichung der sozialen Lebensqualität herausstellen.

»Gerade dem Christen, der sich beim Vollzug seiner eigenen Kirchengeschichte angewöhnt hat, sein Heil und seine Erlösung in einem Bereich verborgener Innerlichkeit, abseits des Schauplatzes erfahrbarer Geschichte und jenseits der konkreten menschlichen Gemeinschaft zu denken, mutet die Tora erhebliche Umstellungen zu. Denn ohne Frage besteht der Großteil dieser 'dem Mose am Sinai offenbarten Tora' aus Sozialgesetzgebung. Aber das eigentliche und schwergewichtige Interesse der Tora gilt unübersehbar Steuern, sozialer Fürsorge, kommunaler Organisation, dem Erbrecht, den Verbrechen, der Autorität und den Verfahrensweisen vor Gericht. Man stößt auf Verordnungen über Vogelnester, gerechtes Wiegen, Infektionskrankheiten und auf das Verbot, die Bäume des besiegten Feindes zu fällen (Deuteronomium 20,19-20). Mit allem Nachdruck wird der Jude in Hunderten von Tatbeständen aufgerufen, auf dem ihn umgebenden sozialen Felde heilend und verbessernd tätig zu werden«.[34]

Weil die Zuwendung Gottes zu seinem Volk politische und gesellschaftliche Veränderung bewirken und bedeuten will, hat Israel dies auch in seinen Gebeten und in seinen liturgischen Zusammenkünften eingeübt. Wenn das Deuteronomium mehrfach einschärft, daß zu den Opfermahlzeiten Fremde, Arme, Witwen und Waisen zugeladen werden sollen, dann ist dies zutiefst theologisch begründet: Liturgische Gemeinschaft mit Gott gibt es eben nur, wo und wenn soziale Gemeinschaft sehr konkret gestiftet und erfahren wird. Was diese Opfermahlzeiten sozialpolitisch bedeutet haben, geht unmittelbar auf, wenn wir den Lebensstandard und die Ernährungssituation bedenken. Selbst für wohlhabende Bauern und Handwerker war Fleisch damals eine Seltenheit. Nur bei besonderen, festlichen Anlässen konnte man sich gebratenes oder gekochtes Fleisch leisten.

Ein solcher Anlaß waren die Schlachtopfer am örtlichen Heiligtum oder (später) am Jerusalemer Tempel, wobei ein Teil als Brandopfer galt, der größere Teil aber in der gemeinsamen Opfermahlzeit verzehrt wurde. Indem dazu nun Arme, Fremde und Ausländer, Waisen und Witwen eingeladen werden sollten, bot das Schlachtopfer diesen die Möglichkeit, trotz ihrer Armut auch in den Genuß von Fleisch zu kommen - und dabei sehr konkret zu erleben, daß der biblische Gott ein »Geber« von Fest und Freude sein will. Die »symbolische« Mahlgemeinschaft bei der christlichen Eucharistiefeier wirkt da nur noch als »stilisierter« Nachklang der Botschaft, daß Gott satt machen will: lebenssatt!

»Politisch« wird das Erste Testament vor allem in jenen Passagen, in denen es die Ambivalenz und die strukturelle Gefährlichkeit der politischen Institutionen aufdeckt und bekämpft. Daß die oppositionellen Einzelpropheten (im Unterschied zu den beamte-

---

[34] K. Müller, ebd. 431.

ten Hof- und Tempelpropheten, aber auch zu den volkstümlichen »Ordenspropheten«) konstitutiv zur Geschichte Gottes mit seinem Volk gehören, mögen sie nun als Antipoden von Königtum (Staat) und Priesterschaft (Tempel) oder als Kritiker der Oberschicht oder als warnende Prediger vor dem Volk (sozusagen als »Gewissen des Volkes«) auftreten, ist eine theologische Vorgabe Gottes, ohne die eine nur neutestamentlich orientierte Ekklesiologie oder »Soziallehre« eben jene Fehlleistungen produziert, die uns aus der Kirchengeschichte nur allzu bekannt sind.

(3) Wegweisung und Ermutigung im Alltag

Wer in den vielfältigen Situationen des Alltags, in den konkreten Beziehungs- und Erlebnisfeldern, in denen sich Menschsein verwirklicht, Orientierung und Hilfe sucht, der wird zumeist auf den ersten Teil der Bibel ausweichen müssen bzw. können. Dort trifft er auf Menschen, die in Leid und Schuld, in Freude und Todesangst, in Wissensdurst und in Skepsis, in ihrer täglichen Arbeit, in der Freude der sexuellen Liebe, im Feiern üppiger Feste, aber auch unter der Last von Gewalt und Feindschaft, von Zweifel und Versagen ihr Leben von Gott her und auf ihn hin leben wollen. Das Erste Testament weiß - mehr als das Zweite Testament - um die Höhen und die Tiefen des Zusammenlebens von Eltern und Kindern, von Mann und Frau, von Geschwistern und Verwandten. Es weiß um den Mißbrauch von Macht in allen Bereichen des Lebens. Es weiß von den Aggressionen und Begierden des Menschen, aber auch von seinen Träumen und Sehnsüchten. Schon auf seinen ersten Seiten deckt es in den Urzeit-Erzählungen die Gefährdungen und Versuchungen auf, unter denen die Menschheit leidet - und es entwirft Gegenbilder und Gegenvisionen von Gott her, damit das Leben dennoch gelingen kann. Es verdrängt das Leid und den Tod nicht, sondern weist Wege, wie das Leben trotz Leid und Tod angenommen und bestanden werden kann. Und immer wieder variiert es, daß die Schöpfung und daß das Leben von Gott her gut und schön sind.

Und es lädt den Menschen ein, sich am Leben zu freuen. Freude am konkreten, irdischen Leben - hier ist das Erste Testament eine wichtige Ergänzung zum Zweiten Testament.

4. Als Einübung der Weggemeinschaft mit den Juden

Das Erste Testament, das die Christen mit den Juden teilen, zwingt die Kirche nicht nur, ein für allemal allen Versuchungen zu einem triumphalistischen Absolutheitsanspruch zu widersagen, es konfrontiert sie auch beharrlich mit der Erinnerung, daß sie gerade als Kirche Jesu Christi nicht am Ziel, sondern auf dem Wege ist - zusammengebunden in einer messianischen Weggemeinschaft mit den Juden. Daß diese „Botschaft" den Christen nicht immer leicht gefallen ist und fällt, haben die Juden sehr schmerzlich erleiden müssen, bis hin zu Auschwitz. *Franz Rosenzweig* hat auch dies klar und visionär erkannt:

Das »Dasein des Juden zwingt dem Christentum in aller Zeit den Gedanken auf, daß es nicht bis ans Ziel, nicht zur Wahrheit kommt, sondern stets - auf dem Weg bleibt. Das ist der tiefste Grund des christlichen Judenhasses, der das Erbe des heidnischen angetreten hat. Er ist letzthin nur Selbsthaß, gerichtet auf den widerwärtigen stummen Mahner, der doch nur durch sein Dasein mahnt, - Haß gegen die eigene Unvollkommenheit, gegen das eigene Nochnicht«.[35]

Daß die Kirche und die Christen sich so schwer tun, sich auf die Gottes-Wahrheit des Ersten Testaments *und* auf die theologisch gebotene Aussage, daß die Juden eben diese Heilige Schrift als ihren Tanach auf ihre Weise als Gotteswort hören, einzulassen, hängt in der Tat letztlich mit dem zusammen, was *Johann Baptist Metz* die messianische Schwäche des Christentums genannt hat:

»Hat sich das Christentum, gerade im Vergleich mit der jüdischen Religion, nicht immer wieder seine eigene *messianische*

---

[35] F. Rosenzweig, Der Stern der Erlösung, Haag 1976, 459.

Schwäche verborgen? Schlägt im Christentum nicht immer wieder ein gefährlicher heilsgeschichtlicher Triumphalismus durch, den gerade die Juden in besonderer Weise zu spüren bekommen? Ist er aber die unvermeidliche Konsequenz aus dem Glauben der Christen an das in Christus endgültig verbürgte Heil? Haben nicht vielmehr auch die Christen noch etwas zu erwarten und zu befürchten - nicht nur für sich selbst, sondern für die Welt und die Geschichte im ganzen? Müssen nicht auch die Christen ihr Haupt erheben dem messianischen Tag des Herrn entgegen? Welchen intelligiblen Rang aber hat für christliche Theologen eigentlich die urchristliche Lehre von der Erwartung des messianischen Tages des Herrn? Welche Bedeutung hat sie - nicht nur als (ohnehin meist ratlos oder verschämt behandelter) Inhalt christlicher Theologie, sondern als Prinzip theologischer Erkenntnis? Hätte sie eine (oder hätten Christen sie an Auschwitz neu entdeckt), dann würde sie als erstes verständlich machen, daß messianisches Vertrauen nicht identisch ist mit der unter Christen häufig herrschenden Sinneuphorie, die sie so unempfänglich macht gegenüber apokalyptischen Bedrohungen und Gefährdungen inmitten unserer Geschichte und die sie mit der Apathie der Sieger auf fremdes Leid reagieren läßt. Und sie würde christlicher Theologie vielleicht bewußter machen, wie sehr die apokalyptisch-messianische Weisheit des Judentums im Christentum gesperrt und verdrängt ist. Wenn für mich die Gefahr jüdischer Messianität darin besteht, daß sie alle Versöhnung für unsere Gegenwart immer wieder suspendiert, dann besteht für mich die Gefahr christlich verstandener Messianität darin, daß sie die in Christus begründete Versöhnung zu sehr in unsere Gegenwart einschließt und dem jeweils gegenwärtigen Christentum nur allzu gern ein Zeugnis seiner moralischen und politischen Unschuld ausstellt«.[36]

---

[36] J.B. Metz, Jenseits bürgerlicher Religion. Reden über die Zukunft des Christentums, München/Mainz 1980, 37f.

Gerade das ernsthafte Hinhören der Christen auf die sogenannten messianischen Texte des Ersten Testaments sollte sie einerseits dafür wach halten, daß die Verheißungen Gottes *noch nicht* erfüllt sind - wie unerträglich wären sonst die Gegenwart und die Zukunft, wenn wir über das hinaus, was schon »ist«, nicht noch etwas zu erwarten, zu erhoffen hätten (nämlich: IHN, den zur Vollendung kommenden Gott)! Und das Hören auf das Erste Testament sollte andererseits das die Christen ärgernde Nein der Juden zu Jesus als dem Messias verständlich machen, wenn diese, nicht zuletzt aus der Differenz zwischen den messianischen Texten der Jüdischen Bibel und der von den Christen mit Jesus verbundenen messianischen Wirklichkeit, die Messiasfrage meinen offen halten zu müssen - um des Gottesreiches willen!

Die Bibel Israels, das christliche Erste Testament, ist Graben und Brücke zugleich zwischen Juden und Christen. Sie wohnen gemeinsam und nebeneinander im Reich Gottes, das im Kommen ist, sie atmen die gleiche Luft (den Geist Gottes) - und doch ist zwischen ihnen ein Graben, der sie bleibend trennt. Aber zugleich gibt es eine Brücke, auf der sie sich von Zeit zu Zeit begegnen, ja sogar besuchen können. Diese Brücke kann die ihnen gemeinsame Bibel dann werden, wenn Juden und Christen darin den sie rufenden einen und gemeinsamen Gott hören.

Der schmerzhafte Prozeß der Trennung zwischen Christen und Juden im Altertum

Henneke Gülzow ✝

Die Frage, die hier aufgeworfen wird, scheint ganz einfach: Was hat eigentlich stattgefunden? Bei näherem Hinsehen zeigt sich jedoch eine Unsicherheit in der Forschung, die näheren Umstände dieses Prozesses nachzuzeichnen und erläuternd nachzuvollziehen. Wir haben noch nicht einmal die Begriffe, dem Sachverhalt wirklich gerecht zu werden. Insofern kann es sich hier nur um einen Werkstattbericht, um eine Skizze handeln. Es wird hier der Jesuskonflikt nicht eigens erörtert, sondern der Versuch unternommen, das politische und soziale Umfeld der Konflikte zu beschreiben, die letztlich zur Trennung von Kirche und Synagoge, von Christen und Juden geführt haben.

Vorab zur Orientierung einige Hinweise.

1. Schon um das Jahr 140 vor unserer Zeitrechnung kann die Sibylle vom jüdischen Volk verkünden, daß jegliches Land und jegliches Meer von ihm erfüllt sei. Eine ganze Reihe weiterer Nachrichten bestätigen die enorme Expansionskraft des Judentums in damaliger Zeit bis hin zu dem jüdischen Autor Josephus, der noch 200 Jahre später verwundert feststellt, daß die Juden bereits in jede Stadt gekommen waren und daß man nicht leicht einen Ort in der Welt finden kann, der nicht dieses Geschlecht aufgenommen hat und von ihm eingenommen wird. Auch der Forschung unserer Tage gilt dies noch als ein Rätsel.

2. Zumal auf seinem Weg in den Westen der Mittelmeerwelt trat das Judentum damals in Wettbewerb mit zahlreichen Kulten und Erlösungsreligionen, die ebenfalls aus dem Osten gekommen waren. In Auseinandersetzung mit diesen Kulten und der offiziellen Pontifikalreligion formulierte auch das Auslandsjudentum

durchaus seinen Erwählungsanspruch, etwa wenn der schon damals berühmte Philo von Alexandrien, der ein Zeitgenosse Jesu war, schreibt: Was für den Staat die Priester, sind die Juden für die ganze Menschheit.

3. Die Trennung von Christen und Juden vollzog sich vor dem Hintergrund eines verbreiteten antiken Antijudaismus. Als sei es eine Pflichtübung, haben sich so ziemlich alle Autoren bis gegen Ende des 1. Jahrhunderts darin versucht, das Judentum in die Nähe der übelsten gesellschaftlichen Vorurteile zu rücken, die die Antike ohnehin mit Armut, mangelnder Bildung und Sittlichkeit verband. Doch es blieb nicht bei literarischen Fehden. Grausame Nachrichten liegen z.B. aus Alexandrien aus den vierziger Jahren vor. Streitigkeiten zwischen Juden, Griechen und der ansässigen Bevölkerung haben zu pogromartigen Ausschreitungen geführt. Der Stadtteil Delta, der fast ausschließlich von Juden bewohnt wurde, ist kurzerhand in Brand gesteckt worden.

4. Die Wege von Juden und Christen trennten sich im Laufe von drei Generationen. Das Christentum ist zunächst aus dem Umkreis einer prophetisch-charismatischen Bußbewegung um Johannes den Täufer hervorgegangen, bevor es in den ersten drei Jahrhunderten Aufstieg zu der das ganze religiöse, politisch-kulturelle und soziale Leben der antiken Gesellschaft, bestimmenden Kraft wurde. Aus einer innerjüdischen Umkehrbewegung wurde zunächst eine missionierende Sekte, bis es schließlich zum endgültigen Schisma kam. Grund für diesen Trennungsprozeß war, daß ein Element der gemeinsamen biblischen Tradition im Christentum vereinseitigt und selbständig weiterentwickelt wurde. Bei Paulus wurde in der ersten Generation nach Jesus aus der charismatischen Erneuerungsbewegung im Judentum jedenfalls für Außenstehende eine jüdische Sekte mit universalistischem Anspruch. Die Bindung an die Person Jesu, seine Botschaft und sein Schicksal standen im Zentrum der neuen Bewegung. Der Glaube an Jesus Christus wurde von Paulus gegen andere Ele-

mente des jüdischen Erbes - vor allem gegen das Gesetz - ausgespielt, wobei aber der jüdische Ursprung nie verleugnet wurde.

5. Die antike Öffentlichkeit und vor allem die staatlichen Instanzen haben die Christen das ganze erste Jahrhundert hindurch - eine Ausnahme ist Nero - als eine Gruppierung innerhalb des Judentums angesehen. Solange konnten die Christen sich im Schutz der Privilegien, die die Römer den Juden einräumten, ausbreiten. Eine Trennung zwischen Christen und Juden hat die antike Öffentlichkeit erst in der Zeit zwischen der Zerstörung Jerusalems im Jahre 70 und der Niederschlagung des jüdischen Freiheitskampfes unter Kaiser Hadrian (132-135/38) wirklich realisiert. Erst seit dem berühmten Reskript des Kaisers Trajan an seinen Statthalter Plinius in Kleinasien (Bithynien 112/113), in dem die Kriterien für Christenprozesse festgelegt wurden, werden die Christen als eine eigenständige Bewegung eingestuft. Das Bekenntnis zur Taufe auf den Namen Jesu, das nomen ipsum, war seit derzeit bis ins 3. Jahrhundert die ausreichende Rechtsgrundlage für die Behörden, die Christen zum Tode zu verurteilen.

6. Diese Trennung zwischen Christen und Anhängern des jüdischen Glaubens aus der Sicht des Staates wird durch das feindliche gesellschaftliche Urteil jener Zeit bestätigt. Als Merkmal der Christen kam der für die Mission der Alten Kirche wichtigste Vorwurf der heidnischen Polemik auf: Die Christen haben den Glauben der Väter verlassen, sogar die Glaubensüberlieferung der eigenen jüdischen Väter. Sie sind keine alte Religion und ihre Offenbarungen haben deswegen auch keinen Wahrheitsanspruch. Sie verleugnen die Herkunft aus dem Gesetz und die Offenbarungen des Logos. Seit die Kirche aus dem Einflußbereich der synagogalen Verbände heraustrat und auch in ihrem gesellschaftlichen Erscheinungsbild die ursprüngliche Bindung an die jüdische Nation unkenntlich geworden war, also spätestens seit Kaiser Trajan (112/113), verweigerten die Römer den Christen endgültig jede Rücksichtnahme auf ihre Religionsausübung und den Schutz

aller Rechte, die sie den Juden in ihrem Herrschaftsbereich seit Kaiser Augustus zumindest im Grundsatz eingeräumt hatten. Und spätestens seit Beginn des 2. Jahrhunderts konzentrierte sich nun auch die gesellschaftliche Polemik auf ein vom Judentum getrenntes Christentum. Dabei ist auffällig, daß nahezu alle Beschimpfungen, die sich im breiten Repertoire des Antijudaismus der antiken Gesellschaft (Antisemitismus) fanden, auf die antichristliche Polemik übergingen.

1. Die Verhältnisse im Mutterland

Der Weg der traditionellen Instanzen des Judentums

Die Bewegung Jesu war anfänglich eingebunden in das Kräftespiel ganz unterschiedlicher Gruppierungen, von den Täufersekten, den Essenern mit der Sekte von Qumran, den ihnen nahestehenden, zum Separatismus neigenden Kreisen bis hin zu den Zeloten: sie alle leitete bei ihren Auseinandersetzungen der Anspruch, das noch besser, reiner, wahrer, subtiler, opferbereiter und radikaler zu haben, was das traditionelle Judentum und seine Autoritäten selbst hatten. Das Gesetz möglichst buchstäblich zu befolgen und mit den unterschiedlichen sozialen Gegebenheiten und Verantwortlichkeiten zu vereinbaren, war der Streitpunkt sogar innerhalb der jüdischen Obrigkeit, zwischen den Pharisäern und Saduzäern. Und auch innerhalb der Jesusbewegung lag der strittige Punkt zwischen Juden- und Heidenchristen in der konkreten Tora-Observanz. Doch all diese Gegensätze wurden durch die politischen Ereignisse überlagert: durch den Kampf der jüdischen Freischärler gegen Rom. Die Römer antworteten mit der brutalen Niederschlagung ihres Aufstandes, die mit der Zerstörung von Jerusalem im Jahre 70 für alle Gruppierungen tiefgreifende Folgen hatte.

Im Vorfeld des Aufstandes der Zeloten gerieten die traditionellen Instanzen der jüdischen Obrigkeit, insbesondere der Hohe

Rat, schon bald nach der Kreuzigung Jesu in die Wirren des Freiheitskampfes gegen die Römer, ihrer Entmachtung folgte eskalierender Terror. Mit wenigen Ausnahmen wurden die wichtigsten Mitglieder der Adelspartei, die Sadduzäer, schon vor dem Jahre 70 liquidiert. Kaum besser erging es den Pharisäern.

Und als dann die Römer ihrerseits den Aufstand brutal niederschlugen, ergab sich eine völlig neue Situation, vergleichbar nur der babylonischen Gefangenschaft. Der Verlust des Tempels und die Bedrohung der nationalen Selbständigkeit bedeuteten eine große Gefahr für den zukünftigen Weg und die Bewahrung der Identität des religiösen Judentums. Gerade die mit dem Tempel und den prophetischen Verheißungen für das Heilige Land verbundenen traditionellen Autoritäten, die aus politischen Gründen zum Exodus gezwungen waren, mußten um ihren Führungsanspruch auch gegenüber dem selbstbewußten und weitverzweigten Auslandsjudentum kämpfen und ihre Autorität neu begründen. Allein Schriftgelehrte der pharisäischen Richtung gaben nun in dem für die gesamte Judenschaft maßgeblichen Gremium im Synhedrium den Ton an. Sie konnten ihre Autorität auch gegenüber dem Auslandsjudentum zur Geltung bringen und gaben in der Folgezeit dem Judentum den bis heute bezeichnenden normativen Charakter, der die Vielfalt und den ursprünglich dynamisch differenzierten Reichtum seines religiösen Lebens für längere Zeit zurücktreten ließ.

Eine klare Abgrenzung gegenüber allen separatistischen Sonderrichtungen war aus der Sicht der pharisäischen Orthodoxie in dieser Situation unumgänglich. Das galt im eigenen Mutterland ebenso wie gegenüber den liberalen Öffnungsbestrebungen des hellenistischen Judentums im Ausland. Unter Führung der pharisäischen Richtung der Schule des großen Rabbi Hillel kam es in Jamnia (Javne) zu einer engen, auf die eigene Identität des Sinaibundes bedachten Festlegung dessen, was als rechtgläubig, als orthodox zu gelten habe. Die pharisäische Orthodoxie verlangte auch von der Diaspora, den Synagogen- und Hausgemeinden in den hellenistischen Städten der antiken Welt, in allen Lebensbezügen eine scharfe Abgrenzungsritualistik gegenüber allen Unbeschnittenen.

Auf die vieldiskutierte Überarbeitung des synagogalen Hauptgebetes insbesondere der 12. Bitte soll hier gar nicht ausführlich eingegangen werden. Sie lautet (in der älteren palästinensischen) Textform:

Den Abtrünnigen sei keine Hoffnung, und die freche Regierung (Rom?) mögest du eilends ausrotten in unseren Tagen, (und die Nazarener) und die Minim (Ketzer) mögen umkommen in einem Augenblick, ausgelöscht werden aus dem Buch des Lebens und mit den Gerechten nicht aufgeschrieben werden. Gepriesen seist du, Herr (Jahwe), der Freche beugt.

Der Zusatz Nozerim = Nazarener = Christen ist als Textbitte (C.K. Barrett) zumindest in einigen großen Synagogen z.B. in Alexandrien und Rom bald nach der Jahrhundertwende in das Schemone 'Esre aufgenommen worden.

Kein Getaufter - und schmerzlich betroffen waren vor allem Judenchristen - konnte dieses Gebet nachsprechen und war damit ausgeschlossen.

Justin, der bedeutendste christliche Theologe seiner Zeit bestätigt um die Mitte des 2. Jahrhunderts den Vorgang in seinem Dialog mit dem Juden (Tryphon) vorwurfsvoll: „Denn ihr (sc. die Juden) habt den Gerechten getötet (Jak 5,6) und vor ihm seine Propheten (vgl. Jes 57,1; 1. Thess 2,15). Und nun verwerft ihr die, die auf ihn hoffen, samt dem, der ihn gesandt hat, Gott, dem Allmächtigen und Schöpfer des Alls, und entehrt sie, soviel an euch liegt, indem ihr die verflucht in euren Synagogen, die an Christus glauben. Denn ihr habt nicht das Recht, selbst Hand an uns zu legen, derentwegen, die jetzt die Gewalt innehaben (sc. die

Römer); wann immer aber ihr könntet, würdet ihr auch dies tun." (Wenig später geht der Apologet Tertullian noch weiter).

2. Das Schicksal des Judenchristentums

Für die Christen selbst war die Katastrophe des Jahres 70 nicht minder einschneidend. Sie bedeutete das Ende der Urgemeinde, das Ende der Autorität des Judenchristentums, das Ende für den Anspruch der Zeugen der ersten Stunde. Zu diesem Kreis gehörten ursprünglich diejenigen und ihre Nachkommen, die aus dem Umkreis der Täuferbewegung, besonders der Bußbewegung des Johannes, zu Jesus gefunden hatten, dann die Jünger selbst, die alles hinter sich gelassen hatten, Angehörige, Freunde und Verwandte, die Familie Jesu selbst, viele Augenzeugen seines Wirkens, unter ihnen auch Essener und Zeloten, überhaupt Juden, die der Jesusbewegung auf dem Weg durch das Land und die Provinzen gefolgt waren; aber auch Städter, die sich seinen Überzeugungen angeschlossen hatten, prägten den Kern der judenchristlichen Urgemeinde vor dem Jahre 70. Merkmal des Judenchristentums war im Extrem die heilsgeschichtliche Überzeugung, daß sich die Botschaft Jesu im Rahmen der Erwählungsgemeinschaft Israels durchsetzen mußte, daß sie zuerst den Juden galt und daß von allen anderen, die aus nichtjüdischem Herkommen hinzutraten, verlangt werden mußte, daß sie sich in die Heilsgemeinschaft Israels durch die Beschneidung aufnehmen ließen. Ihre Pflicht sollte es sein, die im mosaischen Gesetz gebotenen ethischen und rituellen Reinheitsvorschriften zu befolgen, um so, eingebunden in die Gemeinschaft des Sinaibundes, ihre Jesusgefolgschaft vor aller Welt zu bezeugen und damit ein Vorzeichen der endzeitlichen Sammlung zu setzen. Nur allmählich wurde ihnen die Öffnung abgetrotzt, zunächst durch den Stephanuskreis mit seiner kritischen Haltung gegenüber dem Tempel, dann durch Petrus, der die rituellen Reinheitsvorschriften widerwillig preisgab, und schließlich durch Paulus, der die Grenze der Beschneidung überhaupt aufgab und grundsätzlich für niemanden wegen seines Herkommens, seines Standes oder seiner Bildung irgendein religiöses Privileg hat gelten lassen wollen.

Blickt man zurück, dann hatten die Judenchristen von Anfang an die Hauptlast der Auseinandersetzung zu tragen. Die Botschaft Jesu und die Bewegung, die sein Anliegen zuerst auf dem Lande und dann in den Städten, zuletzt in Jerusalem, entfachte, hatte besonders die jüdische Obrigkeit verunsichert und schließlich dazu geführt, daß Pilatus im Namen Roms Jesus als Aufrührer, als Revolutionär, kreuzigen ließ, als Messiasprätendent und König der Juden. Damit war die Jesusbewegung ohne Rücksicht auf ihr eigentliches Anliegen auch politisch endgültig in Verdacht geraten. Es kam in den folgenden Jahrzehnten zu weiteren Todesurteilen, zur Tötung des Zebedaiden Jakobus und später zur Hinrichtung des Bruders Jesu, des Jakobus, der eine leitende Funktion in der Jerusalemer Gemeinde innehatte. Dies sind nur die auffälligsten Nachrichten über die Bedrängnisse, denen die Judenchristen im Vergleich zu den Heidenchristen viel härter ausgesetzt waren.

Für die Christen bedeutete das Jahr 70 jedenfalls auch einen tiefen Einschnitt und eine Identitätskrise. Die Autorität der Urgemeinde war gebrochen, ebenso die eigenständige Kraft des Judenchristentums. Die Verantwortung für die Identität der Botschaft Jesu und die Einheit der Kirche mußte das sog. Heidenchristentum fortan allein tragen; die vakante Führungsrolle Jerusalems als die zentrale Institution für die Christen war umstritten und ging schließlich auf Rom über.

Der Weg der Judenchristen führte nach der Katastrophe von Jerusalem im Jahre 70 in die Zerstreuung. Ein eigenständiges soziales oder gar organisatorisches Profil hat das urkirchliche Judenchristentum nicht durchhalten können. Zersplitterung in einzelne z.T. ganz unterschiedliche Gruppen wurde zu ihrem Merkmal. Besonders in Kleinasien haben ihre theologischen Überzeugungen im zweiten Jahrhundert nicht nur in Fragen des Gesetzesverständnisses und der Prophetie, sondern auch in Fragen der Christologie zu anhaltenden kirchlichen Kontroversen geführt. Die konkreten Spuren sind auch theologisch verworren und verlieren sich in Kreisen der Gnostiker, der auf Prophetie und Geistbesitz pochenden Montanisten und anderer kirchlicher Randgruppen; und wo sie auszumachen sind - das gilt am ehesten für den syrisch-kleinasiatischen Raum -, tragen sie asketisch-radikale Züge.

Die Tragik des Schicksals des Judenchristentum wird vollends deutlich, wenn man sich die weitere Entwicklung in der Haltung der kirchlichen Autoritäten ihnen gegenüber vergegenwärtigt. In dem Maße, in dem die Kirche sich fortan aus dem Einflußbereich der Synagoge löste und die Kluft zwischen Christentum und Judentum überhaupt endgültig wurde, distanzierten sich die nun maßgeblich verantwortlichen Kreise der Kirche vom Judenchristentum. Die Judenchristen waren zwischen die Mühlsteine der Auseinandersetzung zwischen Kirche und Synagoge geraten. Sie wurden Zug um Zug an den Rand gedrängt und schließlich gar als Häretiker verdammt. Ihre Isolierung und zunehmende Eigenbrödelei und Schrulligkeit waren nicht nur eine Folgeerscheinung der Trennung von der Synagoge, sondern vollzog sich gleichzeitig seitens der eigenen Kirche Schritt um Schritt. Das setzt schon bei den späteren Schriften im Neuen Testament ein, z.B. im 1. Petrusbrief, führt über die Schreiben des Bischofs Ignatius von Antiochien und der anderen apostolischen Väter über die Theologie Markions, des Reeders aus Kleinasien, um die Mitte des 2. Jh. zu Irenäus. Ja, Spuren eines eigenständigen Judenchristentums sind seitdem nur noch in den Ketzerkatalogen der Kirchenväter auszumachen. Auf die Trennung von Kirche und Synagoge folgte im 2. Jh. die Trennung von Christentum und Judentum überhaupt. Das Schicksal dieser Kreise wird nur allzuoft vergessen.

3. Die sozialen Gegebenheiten des synagogalen Auslandsjudentums in der urbanen Mittelmeerwelt

„Nehmen wir einmal an, wir wären Zeugen davon gewesen, wie die Gläubigen die christlichen Kirchen verließen, um Allah oder Brahma zu verehren, die Gebote des Konfuzius oder des Buddha zu befolgen, die Grundsätze des shinto anzunehmen; denken wir uns ein großes Durcheinander von allen Rassen der Welt, in dem arabische Mullahs, chinesische Literaten, japanische Bonzen, tibetanische Lamas, hinduistische Pandits zu gleicher Zeit den Fatalismus und die Prädestination, den Ahnenkult und die Anbetung des vergötterten Herrschers, den Pessimismus und die Erlösung durch Selbstvernichtung verkündigten, und daß alle diese Priester in unseren Städten fremdartig stilisierte Tempel erbauten und in diesen ihre verschiedenen Riten zelebrierten - dann würde dieser Traum, den die Zukunft vielleicht einmal verwirklichen wird, uns ein ziemlich genaues Bild von der religiösen Zerrissenheit gewähren, in der die alte Welt vor Konstantin verharrte."[37]

Mit diesen Worten beschreibt Franz Cumont die Gegebenheiten, die wir uns vorzustellen haben. Dabei ist bemerkenswert, daß gerade der Glaube Israels im Vergleich zu allen Kulten, die wie das Judentum selbst ihren Weg aus dem Osten in den Westen der Mittelmeerwelt genommen hatten, die stärkste Anziehungskraft und zunächst auch das größte Durchsetzungsvermögen hatte.

Ganz im Gegensatz zu der urbanen Unverbindlichkeit und Individualität, die den Mysterienkulten und dem Publikum, das sie anzogen, zueigen war, nötigte jeder Kontakt mit dem Judentum

---

[37] Franz Cumont, Die orientalischen Religionen im röm. Heidentum, New York, 1956

zu mittelbaren und unmittelbaren Entscheidungen, gesellschaftlichen und politischen Urteilen. Hinwendung zum jüdischen Monotheismus und zu jüdischen Sitten haftete der Verdacht politischer Unzuverlässigkeit angesichts der Vorgänge im Mutterland an. Hinzu kamen die allgemeinen Vorurteile gegenüber den Besonderheiten jüdischen Brauchtums und der verbreitete Antijudaismus überhaupt.

Dabei ist zu beachten, daß „Jude" nicht mehr nur eine völkische, sondern eine religiöse Bezeichnung war. Die strengen, auf Trennung bedachten Bestimmungen des Alten Testamentes (z.B. Dt. 21,15; Esra 9,12; 10,3) bezüglich der Mischehen waren längst modifiziert, als die Juden die Proselytentaufe zuließen, d.h. den vollen Übertritt mit Beschneidung eines Nichtjuden. Auch die Nichtjüdin wird als vollgültige Ehefrau vom Talmud anerkannt.

Die Zahl der Proselyten ist lange Zeit überbewertet worden und nach regionalen Gegebenheiten auch unterschiedlich gewesen. Obendrein war die Auslegung und Anwendung der alttestamentlichen Bestimmungen in dieser Angelegenheit im Judentum selbst umkämpft. Besonders in orthodoxen Kreisen wurde das Proselytentum mit großer Strenge beurteilt. (Zahlenmäßig fällt es jedenfalls nicht sehr ins Gewicht, wenn man nach Erklärungsgründen für die enorme Ausbreitung des Diasporajudentums fragt.)

Von besonderer Bedeutung für das Diasporajudentum war schließlich der Personenkreis, dem wir bei allen auf Expansion bedachten Religionen und religiösen Gemeinschaften begegnen und der sich durch mehr oder weniger starke Anteilnahme und Sympathiekundgebungen definiert: die sog. Gottesfürchtigen. Mit der großen Anziehungskraft des Judentums einerseits und der Scheu vor der Beschneidung andererseits hängt es zusammen, daß die Zahl der Gottesfürchtigen im Verhältnis zu den Proselyten in der Regel relativ groß war. Dieser Personenkreis hatte für die Diasporasynagogen gleichsam institutionellen Charakter. Doch es wäre ein Mißverständnis, sie als eine geschlossene Gruppe anzusehen; nicht einmal die Bezeichnung selbst hat eine eindeutige Entsprechung in den unterschiedlichen Quellen.

Im inneren sozialen Gefüge der Synagogengemeinden gab es also in allen hellenistischen Städten der antiken Welt eine Dreiteilung, die sich auch in einer theologisch begründeten Abstufung der Rechte und Privilegien niederschlug: blutsmäßige Juden, Proselyten und der offene Kreis der gottesfürchtigen Anhänger. Der Kern der Synagogengemeinden konnte in der Regel den Vorrang jüdischen Blutes beanspruchen; mit dem vollen Übertritt gehörten auch die Proselyten zum engeren Kreis der Heilsgemeinschaft. Größer war in der Regel schließlich die Zahl der Sympathisanten, die dem Judentum verbundenen gottesfürchtigen Heiden. Die Bedeutung dieser Personengruppe kann auch in ihrer prägenden Kraft für die Ausbreitung des Christentums und seinen Weg in die heidnische Gesellschaft gar nicht hoch genug veranschlagt werden. Die Gottesfürchtigen waren unbeschnitten. Sie hatten gegenüber dem Gesetz soviele Freiheiten, wie sie haben wollten. In der Regel besuchten sie den Synagogengottesdienst, nahmen im allgemeinen auch einen Teil des jüdischen Zeremonialgesetzes auf sich und hielten sich an die ethischen Grundforderungen des Alten Testamentes. Gelegentlich unterstützten sie die Synagoge mit großzügigen Spenden. Der jüdische Geschichtsschreiber Josephus würdigt ihre Opferbereitschaft und ihren Anteil neben reichlichen Angaben der Juden in aller Welt, um die Anhäufung der Schätze im Tempel von Jerusalem zu erklären. Als konkretes Beispiel und mahnendes Vorbild auch für die alte Kirche kann der Hauptmann von Kapernaum gelten; der Evangelist Lukas (7,1-10) überliefert, keineswegs im Sinne eines Sonderfalls, daß er als römischer Offizier Geld für einen Synagogenbau gestiftet hat. Doch vollzogen die Gottesfürchtigen nur selten und ausnahmsweise (wie z.B. der prominente Proselyt Aquila) den Schritt zum vollen Übertritt und zur Eingliederung in den jüdischen Gemeindeverband. Die Gründe dafür sind nicht nur in der Scheu vor der Beschneidung zu sehen, die ja bis heute häufig nicht nur als schmerzhafte, womöglich gesundheitlich riskante und überhaupt entstellende Prozedur empfunden wird, sondern sind eher noch in der judenfeindlichen Einstellung der damaligen Zeit (im antiken Antisemitismus) zu suchen. Die Exklusivität der Juden, ihr Festhalten an der grundsätzlichen Besonderheit allen anderen gegenüber, verlangte von den Übertretenden Opfer, die vor allem bei Personen von gesellschaftlichem Rang und Ansehen groß waren. Dementsprechend war auch in der jüdisch-hellenistischen Diaspora der Anteil der sozial höher gestellten Personen bei den Gottesfürchtigen größer als bei den Proselyten. Das ging bis in die Spitzen der Gesellschaft. So sind z.b. prominente Personen aus der römischen Führungsschicht zu nennen, die sich der Synagogengemeinde als Gottesfürchtige zu erkennen gaben oder vielleicht auch Christen waren, etwa das Schicksal der Frau des Kaisers Nero, der insignis femina Pomponia Graecina, eindrücklicher noch die Verurteilung des Adligen Acilius Glabrio, des Konsuls Titus Flavius Clemens und seiner Frau Flavia Domitilla, denen Hinneigung zu jüdischen Sitten vorgeworfen wird. Entsprechende Nachrichten liegen aus Alexandrien vor.

4. Die Ausbreitung des Christentums auf Kosten des Judentums und der Konflikt mit den Synagogen

Merkmal der Ausbreitung der Christen über Palästina hinaus ist, daß es rasch in allen Städten der Mittelmeerwelt, in denen es auch Synagogen gab, zur Gründung christlicher Gemeinden kam. Damit reihte sich das Christentum im Gefolge des Judentums in den Zug der östlichen Religionen ein, die seit Generationen in den Westen gedrungen waren, und trat mit ihnen in Wettbewerb. In diesem gesellschaftlichen Kontext hatte das Christentum den

Vorteil, daß es im Wettbewerb mit allen anderen konkurrierenden religiösen Vereinigungen die ungemein erfolgreichen Wege der jüdischen Expansion und Werbetätigkeit zunächst überall nachgehen konnte, im Osten wie im Westen. Das Christentum hat sich in seinen Anfängen auf Kosten des Judentums ausgebreitet und zunächst gerade in den der Synagoge nahestehenden Kreisen den allergrößten Anklang gefunden. Das Hervortreten aus dem Judentum eröffnete nicht nur die Möglichkeit, den Weg der jüdischen Propaganda nachzugehen, sondern kennzeichnete gerade auch nach der Trennung von der Synagoge die Gestalt und die Besonderheiten des Christentums und bestimmte seinen Ort im Gefüge der antiken Gesellschaft. Das Christentum war ja selbst geprägt durch das religiöse Erbe, die soziale Struktur der Familiengebundenheit, des Gemeindeverbandes, deren Verfassung und der Organisation des Judentums. Damit unterschied sich auch das Christentum grundsätzlich in allen sozialen Belangen zunächst von der religiösen Umwelt. In der Spannung zwischen Angleichung und Selbstbehauptung in einer fremden Kultur, in einer neuen Sprachwelt und Lebensform, war das Judentum der Diaspora dem Christentum diesen Weg vorausgegangen und hatte z.T. auf Grund der vom Mutterland unterschiedenen Glaubenserfahrungen bereits zu Neuerungen gefunden, von denen die christliche Mission dann noch stärker als das Judentum selbst profitierte. Nur die wichtigsten prägenden Faktoren und Einrichtungen, die das Christentum beibehalten hat, seien hier benannt. Erstens die Übersetzung des Alten Testaments ins Griechische, die sog. Septuaginta, die als Schriftgrundlage diente und zum Bibeltext der Christen wurde. Zweitens die Synagoge als gottesdienstlicher Versammlungsort und gesellschaftlich als Zentrum kultureller und religiöser Lebensgemeinschaft sowie als Ort auch der religiösen Unterweisung, insbesondere der Jugend und all derer, die die Beschneidung begehrten, oder auch nur Anschluß an das Judentum suchten. Drittens der mit der Synagoge verbundene opferlose reine Wortgottesdienst mit Gebet,

Hymnengesang, Schriftlesung und Auslegung. Überall in den Städten stieß die christliche Mission auf bereits formierte religiöse Gemeinden, deren katechetische Anweisungen und liturgische Formulare ohne große Veränderungen angeeignet werden konnten, auf Gemeinden, die an regelmäßigen Gottesdienstbesuch ebenso gewöhnt waren wie an die Kontrolle ihres privaten Lebens durch die Gemeinschaft und ihre Repräsentanten.

In allen Städten der Antike, in der das Christentum Fuß fassen konnte und in denen es zur Gründung einzelner Hausgemeinden kam, gab es auch Synagogen. Und in einer frühen Phase fand das Evangelium vor allem in Kreisen der Gottesfürchtigen bereitwillige Aufnahme. Die Gründe dafür liegen auf der Hand. Ihr Weg zum Christentum war mindestens äußerlich in der Regel kürzer als der eines Juden oder eines distanzierten Heiden. So sehr die Juden die Gottesfürchtigen auch umworben haben mochten, so galt es doch, eine selbstverständliche Distanz zu ihnen zu halten, denn als Unbeschnittene gehörten sie nicht zur Heilsgemeinschaft, getrennt auch dadurch, daß sie zumeist nicht willens waren, mit dem ganzen Einsatz ihrer Person die Last des Gesetzes und die etwaigen gesellschaftlichen oder wirtschaftlichen Nachteile eines Übertritts zu tragen. Und selbst wenn sie diese auf sich genommen, sich der Beschneidung unterzogen hatten und Proselyten geworden waren, blieb die Überlegenheit jüdischer Abstammung und jüdischen Blutes spürbar relevant und religiös legitimiert: „Der Heide hat keinen Vater." Die christliche Botschaft befreite sie dagegen von jedem Makel. Die Spannungen in der jungen Kirche zeigen, wie schwer es lange Zeit selbst den Judenchristen gefallen ist, dies anzuerkennen. Den allem fernstehenden Heiden hatten die Gottesfürchtigen die Kenntnis des Alten Testaments voraus. Welcher Heide sollte z.B. ohne weiteres die Briefe des Heidenapostels Paulus lesen und womöglich verstehen angesichts der vielen Zitate und Anspielungen auf das Alte Testament. Zudem hatte das Christentum den Gottesfürchtigen all das anzubieten, was schon das Judentum für die Heiden anziehend gemacht hatte: den Monotheismus, eine Auferstehungshoffnung, eine schriftliche Offenbarung und moderne Lebenshilfe. Dies machte sie zu besonders aufmerksamen Hörern einer Botschaft, die alle religiösen Klassifizierungen und Privilegien innerhalb des Judentums außer Kraft setzte. Die Forderung, daß weder Jude noch Hellene, weder Beschnittener noch Unbeschnittener, weder Sklave noch Freier, weder Mann noch Frau, weder Armer noch Reicher Anspruch auf irgendeinen religiösen Vorrang aus seinem Stand erheben dürfe, macht dies ganz deutlich (Gal 3,26-28).

Die Geschichte des Kämmerers aus dem Morgenland (Apg 8, 26-40) kann als das erläuternde Beispiel für diesen Sachverhalt dienen. Er begegnete Philippus, der dem Stephanuskreis zuzurechnen ist, und ließ sich von ihm taufen. Die näheren Angaben weisen den Kämmerer als letzten Staatsbeamten der Kandake, der Königin von Äthiopien, aus, verantwortlich für das königliche Finanzwesen. Er selbst war Äthiopier und wird als Eunuch vorgestellt. Diese Kennzeichnung war als Amtstitel für hohe Beamte durchaus im Gebrauch. Für den Wallfahrer nach Jerusalem hatte das Verschnittensein freilich Konsequenzen. Der Kämmerer war nach dem Gesetz (Dtn 23, 2-9) mit dem Makel der Kultunfähigkeit behaftet und konnte deswegen keine Aufnahme in die Heilsgemeinschaft Israels erwarten. Auf dem Rückweg von seiner Wallfahrt nach Jerusalem begegnete dieser Gottessucher Philippus und fand für sich die Zusage aller Verheißungen, von denen ihn das jüdische Ritualgesetz prinzipiell ausschloß. Als Verschnittener durfte er sich bestenfalls zu den Gottesfürchtigen zählen, Proselyt jedoch konnte er nicht werden. Die Jesaja-Auslegung des Philippus eröffnete ihm dagegen den direkten Zugang zu Gott im Glauben an Jesus Christus. Die Taufe befreite ihn von jeglichem Makel und eröffnete ihm den Weg in eine

Solidargemeinschaft ohne Privilegien der Herkunft, des Blutes oder der Beschneidung.

Diese Entwicklung konnten die Juden schwerlich stillschweigend hinnehmen. Mit der Abwanderung ihres gottesfürchtigen Anhangs zum Christentum drohte der Synagoge nicht nur Vereinsamung und Isolation, sondern auch eine damit verbundene religiöse Abwertung. Denn wenn überhaupt ein Kreis in der Lage war, dem Antijudaismus der antiken Welt zu begegnen, dann waren es ja gerade die Gottesfürchtigen. Sie waren so etwas wie das Aushängeschild der Juden. Nicht umsonst hatten die Juden in ihrer Werbung mit besonderer Aufmerksamkeit gerade hochgestellte Persönlichkeiten angesprochen, auf deren Meinung die Gesellschaft etwas gab. Von ihrer Zahl, von ihrer gesellschaftlichen Reputation und ihrem allgemeinen Renomee hing ganz wesentlich die Einschätzung des Judentums in der Öffentlichkeit der antiken Gesellschaft ab. Obwohl die Juden häufig und stolz davon berichteten, daß die Gottesfürchtigen durch namhafte Beiträge den Tempelschatz in Jerusalem vergrößert hätten bzw. hie und da, wie beispielsweise der Hauptmann von Kapernaum, Geldspenden zum Synagogenbau beisteuerten, mußte sie bei der Abwanderung der Gottesfürchtigen stärker noch als die materielle Seite schmerzen, daß ihnen ihre stärkste Waffe im Kampf gegen den Antijudaismus durch die Christen aus der Hand genommen wurde. Stattdessen erwuchsen ihnen in den ehemaligen Gottesfürchtigen, je stärker sich die Beziehungen zwischen Juden und Christen zuspitzten, neue, erklärte Gegner. Die Trennung bzw. Ausstoßung der Christen aus dem Synagogenverband verlief selten friedlich und stillschweigend. Eine Klärung der Fronten mußte früher oder später an allen Orten erfolgen. Die Synagogengemeinden konnten dabei aufgrund ihres institutionellen Charakters wirksame antichristliche Maßnahmen ergreifen. Das bezog sich nicht nur auf den innersynagogalen Bereich, also auf synagogale Strafmaßnahmen, s. 2.Kor 11,24 (Grund: Mißachtung des Gesetzes), sondern darüber hinaus auch und gerade auf Anklagen - z.B. wegen Unruhestiftung und Störung des äußeren Friedens - vor weltlichen Gerichten. Zu den ältesten Zeugen dafür zählen die paulinischen Gemeinden bzw. Paulus selbst, der die Juden für die Verfolgung der jungen christlichen Gemeinden verantwortlich macht.

Ein Beispiel für Rom betrifft die Vorgänge des Jahres 49 n.Chr. Aquila und Priscilla, die jüdischen Freunde des Apostels Paulus, sind laut Apg 18,2 gerade eben in Korinth eingetroffen, weil sie auf Grund einer Maßnahme des Kaisers Claudius gegen die Juden Rom verlassen mußten: Judaeos impulsore Chresto assidue tumultuantes Roma expulit ... „Die Juden, die auf Betreiben eines gewissen Chrestus heftigen Tumult machten, hat er aus der Stadt vertrieben," schreibt Sueton über dieses Ereignis zur Zeit des Kaisers Claudius.

Auch die Erfahrungen der jungen Gemeinde in Thessaloniki geben als konkreter Hintergrund auch im Blick auf die so ganz allgemein gehaltenen Ermahnungen im letzten Schreiben des Apostels Paulus, im Römerbrief, zu denken (12,17-19): „Seid geduldig in Trübsal! ... Segnet, die euch verfolgen, und fluchet nicht! ... Vergeltet niemandem Böses mit Bösem ... Ist es möglich ... haltet mit allen Menschen Frieden! Rächet euch nicht selbst! ..." Und innerhalb der Gemeinden galt dabei auch der einprägsame Satz aus 1. Kor 12,26: „Wenn ein Glied (des Leibes Christi) leidet, so leiden alle Glieder mit."

5. Antiker und christlicher Antijudaismus

Auch nach vollzogener Trennung schreiben verstreute Nachrichten die Geschichte des Konfliktes für das 2. und 3. Jh. bis zur konstantinischen Wende in der gleichen Problemkonstellation fort. Auf der akademischen Ebene des Bildungsbürgertums war der christlich-jüdische Dialog gelegentlich möglich. Jedenfalls stilisiert Justin einen tatsächlichen oder fiktiven Dialog mit dem jüdischen Rabbi Tryphon um die Mitte des 2. Jahrhunderts in einer eigenen Schrift, und Origenes, der besonders in vornehmen und gebildeten Kreisen Alexandriens seine akademischen Veranstaltungen abhielt, teilt noch fast ein Jahrhundert später mit, daß er auch an Disputationen mit jüdischen Theologen teilgenommen habe. Insgesamt wird man annehmen müssen, daß Kirche und Synagoge nach Möglichkeit je ihre eigenen Wege gingen; im sozialen Umfeld sind gelegentlich Freundschafts- und Nachbarschaftsverhältnisse ebensowenig auszuschließen wie erbitterte Feindschaft und Kleinkrieg aus banalen Anlässen. Doch die wenigen Nachrichten, die auf direkte alltägliche Kontakte hinweisen, werden immer spärlicher und geben keinerlei Profil. Dagegen hat die in den Quellen belegte tatsächliche oder vielleicht nur aus theologischen Gründen fiktive Dialogbereitschaft auf akademischer Ebene ihre Entsprechung im anderen Extrem: Justin erhebt Anklage, daß die Juden jede Gelegenheit nutzten, die Christen bei den Römern zu denunzieren. Tertullian, der dafür bekannt ist, daß er die Christen selbst mit drastischen Übertreibungen verteidigt, sieht in der Synagoge überhaupt den Ausgangspunkt, die Quelle für die Christenverfolgungen durch die Römer. Eine üble Rolle notiert für sie auch der Verfasser der Polykarpmartyriums, unverdächtig ist der Bericht Hippolyts über den späteren Bischof Kallist. Er wird aus Anlaß eines banalen Streites um Geld und wegen Störung des jüdischen Gottesdienstes als Christ bei den Römern zur Anzeige gebracht und zur Strafarbeit in den Bergwerken von Sardinien verurteilt. Diese Nachrichten lassen sich keineswegs beliebig erweitern, aber sie machen auch deutlich, daß das feindliche Hin und Her nicht einfach zur Ruhe gekommen ist. Mangels jüdischer Quellen aus dieser Zeit ist im Blick auf die Haltung der Kirchenväter an die Zug um Zug im 2. Jh. erfolgte Verketzerung des Judenchristentums zu erinnern. Aus heutiger Sicht hatten sie triftige theologische Gründe, weil das Judenchristentum sich auf seinem isolierten Weg selbst von der Urgemeinde so weit entfernt hatte, daß es nur noch ein Zerrbild des gemeinsamen Anfangs bot.

Im Kontext des 2. und 3. Jahrhunderts ist auch die sog. Adversus Judaeos-Literatur entstanden, eine Reihe von Schriften, die sich dem Titel nach gegen die Juden richten, der Sache nach aber eine Selbstbestimmung der Christen bezüglich der Verbindlichkeit des Alten Testamentes und der Tora-Observanz darstellen. Die Frage, was verbindlich oder verzichtbar war, ob nicht an dem Ritualgesetz, etwa an den Speisegeboten und so weiter, festzuhalten sei, war mit der Aufgabe der Beschneidung in apostolischer Zeit und durch die allgemeinen dogmatischen Erklärungen apostolischer Autoritäten keineswegs ein für allemal erledigt, sondern wurde besonders im 3. Jh. zu einem äußerst wichtigen Thema der Pastoral-Theologie. Im Blick auf die Forschungsdiskussion erscheint die Feststellung nötig, daß auch diese Schriften nicht als Zeugnis eines aufkommenden christlichen Antijudaismus bzw. Antisemitismus zu werten sind. Mit den Vorurteilen des antiken Antijudaismus und seiner literarischen Topik haben diese Schriften jedenfalls nichts gemein. Der antike Antisemitismus entzündete sich an der äußeren Haltung der Juden im kultischen, politischen, alltäglichen und wirtschaftlichen Leben, also an den Besonderheiten der Juden im gesellschaftlichen Leben, und ist völlig unsensibel dafür, daß dies Verhalten aus dem jüdischen Glauben notwendig folgen muß. Die Vorwürfe, die die Christen in vorkonstantinischer Zeit gegen die Juden erhoben haben, entwickelten sich dagegen nicht aus Vorurteilen und Unverständnis, auch nicht im Sinne von Sündenbock-Projektionen, sondern sind das Ergebnis gegenseitiger Abgrenzung, einer gegenseitigen bitteren Erfahrung, eines schmerzhaften Prozesses der Trennung. Die Beobachtung, daß dann in nachkonstantinischer Zeit, als die Kirche zur Herrschaft kam, die Zeugnisse und Argumente der Selbstbesinnung in der sogenannten Adversus Judaeos-Literatur anders gelesen wurden und sich gar mit dem antiken „Antisemitismus" verbanden, muß uns eine bedrückende Mahnung sein.

Die Katholische Kirche und der Holocaust
Erkanntes und Verdrängtes

Tiemo Rainer Peters

Meine Überlegungen haben nicht das Ziel, Wunden aufzureißen und sich am Schmerz einer Vergangenheit, die nicht vergehen will, theologisch zu bereichern. Ich möchte auch nicht den langsam in Gang gekommenen christlich-jüdischen Dialog stören: man muß den Namen ja nur nennen - „Auschwitz", und alle Fragen, alle Irritationen kehren zurück. Nicht das laufende Gespräch zwischen Christen und Juden will ich stören, meine aber gerade deshalb den neuralgischen Punkt thematisieren zu sollen, der dieses Gespräch weiterhin belastet, ohne daß hier kirchenoffiziell schon wirkliche Fortschritte zu bemerken wären.

Im Folgenden interessieren mich weniger die Erkenntnisse und Bekenntnisse einer ambitionierten Theologie. Es geht um Darstellung und Bewertung der lehramtlich/offiziellen Erklärungen der Katholischen Kirche zur Schoa, speziell Roms und naturgemäß Deutschlands. Schließlich war besonders deren wie auch immer begründetes und später allzu elegant entschuldigtes Schweigen zur Zeit des Naziterrors einer der Gründe, weshalb wir von einem verhängnisvollen Versagen „der" Kirche sprechen müssen.

Ich werde zunächst etwas zum Begriff, zur Dimension und den daraus zu ziehenden Konsequenzen des Holocaust zu sagen versuchen - einfach um eine Basis zu schaffen, auf der wir uns verständigen können, soweit das überhaupt möglich ist (I). Sodann sammle ich unter dem Stichwort „Erkanntes" die wichtigsten lehramtlichen Stellungnahmen der Kirche zu diesem Thema (II). Das „Verdrängte" soll im abschließenden dritten Teil zusammengestellt und reflektiert werden (III).

I. Der Holocaust

Elie Wiesel hat zur Kennzeichnung der Katastrophe von Auschwitz den kultischen Begriff des Holocaust benutzt und ihn in die nordamerikanische Diskussion eingeführt. Nur deshalb, und weil es der Film „Holocaust" war, der zumal in Deutschland für heftige Reaktionen auch kirchlich-theologischer Art sorgte, benutze ich noch einmal diesen Begriff, um ihn aber sogleich durch einen stimmigeren zu ersetzen. Denn es ist klar, daß er für Nicht-Opfer und Nicht-Juden gänzlich ungeeignet ist, und überdies einer religiösen Überhöhung des Grauens Vorschub leistet.

Der hebräische Begriff für die Katastrophe heißt Schoa, ein Wort, das nicht nur im jüdischen Schrifttum, sondern zunehmend auch zwischen Juden und Christen bestimmend geworden ist, um Auschwitz, diesen „Hohlraum der Zivilisation" (Salomon Korn), zu bezeichnen. Aber diese Hölle hat eben einen Namen: „Auschwitz", und diese Benennung bleibt zumindest für Täter m.E. die angemessenere, weil sie die Anweisung enthält, Geschichte, Geographie und Strategie der Naziverbrechen mitzuerinnern - z.B. die Tatsache, daß Hitler im katholischen Polen sein schrecklichstes Lager errichtet hat, dort, wo später fromme Karmelschwestern ein Sühnekloster errichten wollten und die Gefühle der Juden auf unerträgliche Weise verletzten. Auschwitz ist kein Ort christlicher Selbstfindung und Selbstdarstellung!

Die Fakten der Pogrome und der Judenvernichtung im Dritten Reich brauchen nicht detailliert rekapituliert zu werden. Nur dies: daß die katholischen Bischöfe, die zwischen Glaubensgehorsam und Staatstreue schwankten und sich durch das Reichskonkordat von 1933 politisch zusätzlich abhängig gemacht hatten, im Blick auf die Juden „kaum mehr als nichts" (H. Hürten) zustande gebracht haben. Der Episkopat veröffentlichte zwar im September 1943 ein Hirtenwort über die Zehn Gebote, erwähnte aber (genau wie der Münsteraner Clemens August Graf von Galen) die Juden beim Tötungsverbot mit keinem einzigen Satz. Was einzelne (Propst Lichtenberg), auch einzelne Bischöfe (Berlins Konrad Graf Preysing), gewagt und bewirkt haben: die Katholische Kirche, der Episkopat blieben stumm, und dies wiegt doppelt schwer, wenn man das katholische Prinzip als eines der Repräsentation und der hierarchischen Geschlossenheit begreift.

Das gilt erst recht, wo die Rolle Roms und des römischen Bischofs in den Blick rückt: wir wissen zwar, daß Pius XI. deutliche Worte an den nationalsozialistischen Staat, dessen Lehren und Konkordatsverletzungen gerichtet hat, ebenso wie an den atheistischen Kommunismus.[38] Die Judenverfolgung in Deutschland aber wurde nur höchst „verklausuliert" erwähnt.[39] Und der Pacelli-Papst Pius XII. hat ohne Frage Juden (nach dem Krieg auch Tätern) das Leben gerettet, doch seine Worte angesichts der Judenvernichtung blieben allgemein.[40] Sein eigentlicher Feind war der Kommunist, „sein" Wahrnehmungsmuster eher ideologie- statt katastrophenzentriert.

Ich reihe diese Fakten in denkbarer Kürze auf und sammle keine Entlastungsargumente, um den zentralen Punkt nicht undeutlich werden zu lassen: daß die Kirche blind und stumm war, wo sie, als Kirche, hätte sehen und in geballter, „unfehlbarer" Autorität hätte reden müssen, nach Auskunft vieler Historiker reden können, wenn sie es sofort getan und sich nicht in taktischen Winkelzügen (Reichskonkordat) anfangs selbst die Basis dafür entzogen hätte.

---

[38] 14.3. 1937: Mit brennender Sorge; 19.3. 1937: Divini Redemtoris.
[39] Vgl. W.P. Eckert, Zur Geschichte des kirchlichen Widerstands, in: G.B. Ginzel (Hg.), Auschwitz als Herausforderung für Juden und Christen, Heidelberg 1980, 79ff.
[40] Pius XII., Weihnachtsbotschaft 1942 u. Ansprache an das Kardinalskollegium 1943.

Ich will noch etwas zur Dimension, zu den geradezu metaphysisch-religiösen Ausmaßen der Schoa sagen, die, nach einem Wort Hilde Shermans, „nicht nur Geschichte" ist und deshalb auch nicht einfach nach historiographischen Regeln, schon gar nicht der Schwerkraft des Vergessens gemäß, weggeordnet werden kann.[41] Metaphysisch war eben nicht nur der kirchlich und päpstlich so kritisch beobachtete Anspruch des Kommunismus, sondern die Katastrophe von Auschwitz war es in einer Weise, die, in der Logik der Nationalsozialisten, auch noch einmal den „geistigen Träger des Bolschewismus", das Judentum, ausmerzen sollte: „Wenn es dem internationalen Finanzjudentum innerhalb und außerhalb Europas gelingen sollte, die Völker noch einmal in einen Weltkrieg zu stürzen, dann wird das Ergebnis nicht die Bolschewisierung der Erde und damit der Sieg des Judentums sein, sondern die Vernichtung der jüdischen Rasse in Europa", so Hitler am 30. Januar 1939 vor dem Reichstag.

Es lag in der Konsequenz des europäischen Antisemitismus, den Juden in seiner nationalen und religiösen Unfaßbarkeit hochzustilisieren und in ihm nun die „Quelle allen Übels" zu verfolgen: das Abstrakte, die abstrahierende Vernunft, zuletzt die moderne Rationalität selbst. „Auschwitz", sagt Moishe Postone[42], „nicht die 'Machtergreifung' 1933, war die wirkliche 'Deutsche Revolution' - die wirkliche Schein-'Umwälzung' der bestehenden Gesellschaftsformation. Diese Tat sollte die Welt vor der Tyrannei des Abstrakten bewahren".

Wenn wir „Auschwitz" sagen, müssen solche metaphysisch-religiösen Abgründe mitreflektiert werden, und dennoch läßt sich das Grauen selbst nie wirklich verstehen. Wir werden nicht

---

[41] Vgl. J. Manemann, "Weil es nicht nur Geschichte ist". Die Begründung der Notwendigkeit einer fragmentarischen Historiographie des Nationalsozialismus aus politisch-theologischer Sicht, Münster/Hamburg 1995.
[42] Vgl. M. Postone, Nationalsozialismus und Antisemitismus, in: D. Diner (Hg.), Zivilisationsbruch. Denken nach Auschwitz, Frankfurt/M. 1988, 254.

begreifen, daß es passiert ist, daß Hitlers Worte mehr waren als eine wahnwitzige Propaganda. „Wer die Ausführung dieses Planes als solche verstehen wollte", schrieb Dolf Sternberger, „der müßte darüber den Verstand verlieren. Und wer den Verstand nicht zu verlieren imstande ist, der hat dieses Phänomen 'Auschwitz' noch gar nicht eigentlich wahrgenommen."[43] - Nicht verstehen zu können (auch theologisch) heißt aber gerade nicht, nicht berichten, nicht erinnern, nicht kirchlich recherchieren, nicht theologisch analysieren, nicht Konsequenzen ziehen zu können, ziehen zu müssen. Niemand kommt zu sich selbst, erst recht nicht die Christen, ohne die Herausforderung, die mit diesem Namen verbunden ist, angenommen zu haben.

II. Erkanntes

Um einige eher allgemeine Erwägungen vorauszuschicken: Wenn sich das Kirchliche Lehramt, wie wir sehen werden, mit Erklärungen und Bekenntnissen zur Schoa nicht gerade hervortut, so muß dies gewiß als ein Zeichen mangelnder Selbstkritik und Verantwortungsbereitschaft gedeutet werden. Aber es könnte zugleich ein sehr diskreter Hinweis darauf sein, daß man sich insgeheim der Abgründe sehr wohl bewußt ist, die sich angesichts der Katastrophe von Auschwitz auch für die christliche Kirche selbst, ihre geschichtliche und lehrmäßige Identität auftun. Immerhin lesen wir in den vatikanischen „Richtlinien und Hinweise(n) für die Durchführung der Konzilserklärung 'Nostra aetate'" von 1974, daß der „historische Kontext, der die Initiative des Konzils dabei weitgehend bestimmt hat,... die Erinnerung an die Verfolgungen und Massenhinrichtungen von Juden (war), die in Europa in der Zeit vor dem zweiten Weltkrieg und während

---

[43] D. Sternberger, Noch einmal: Noltes These, in: FAZ vom 6.4.1988 (Unterstreichung vom Vf.).

des Krieges geschehen sind."[44] Das Konzil selbst sagt es nicht - wie manches in der katholischen Kirche nicht gesagt, wohl aber gedacht und günstigerenfalls irgendwann sogar getan wird.

Daß der Vatikan zur Zeit über einen umfangreichen Entwurf der Arbeitsgruppe für Fragen des Judentums zu entscheiden hat - der Titel: „Antisemitismus, Schoa und Kirche" - ist ein weiterer Beleg dafür, daß die römische Kirche gerade erst beginnt, das Ungeheuerliche, mit dem sie sich überaus schwertut, in Worte zu fassen, die auch eigenes Versagen, kirchlich verschuldetes Unrecht und Fehlentwicklungen in der Lehre ausdrücken. Ein Politikum wird die Behandlung dieses Dokuments durch Rom in jedem Fall, ob es nun in päpstlicher Autorität und mit gesamtkirchlicher Wirkung veröffentlicht wird, oder, was leider auch nicht ausgeschlossen ist, in den kurialen Schubladen verschwindet.

Schließlich sollte bei diesen allgemeineren Einschätzungen nicht vergessen werden, daß der gegenwärtige Papst Johannes Paul II., der in der Nähe von Auschwitz geboren wurde, wohl nicht zuletzt wegen seiner Herkunft immer wieder zu Fragen des Verhältnisses von Christen und Juden Stellung genommen hat und hier eine deutlichere Sprache spricht als seine Vorgänger: „Ich würde sogar sagen", erklärte er in einer Ansprache an die Mitglieder des Internationalen Verbindungskomitees zwischen der katholischen Kirche und dem Judentum am 28. Oktober 1985, „um den Abgrund der Vernichtung von Millionen Juden während des Zweiten Weltkriegs und die dabei dem Bewußtsein des jüdischen Volkes zugefügten Wunden zu ermessen, bedarf es für Katholiken unbedingt auch der theologischen Reflexion."[45] Dies sind vergleichsweise kühne Formulierungen, die zeigen, daß die

---

[44] Kommission für die religiösen Beziehungen zum Judentum vom 1. Dez. 1974, in: Die Kirchen und das Judentum. Dokumente von 1945-1985 (zitiert KuJ), Paderborn/München 1988, 48.
[45] KuJ, 105; vgl. W.P. Eckert, Christlich-Jüdischer Dialog nach dem Zweiten Vatikanischen Konzil, in: Wort und Antwort 36 (1995), 110-115.

katholische Kirche an ihrer Spitze mehr und mehr damit beschäftigt ist, ihre Rolle bei der Judenvernichtung dieses Jahrhunderts in Augenschein zu nehmen. Ich sage das gleichsam zum Schutz und zur Verteidigung, denn was an Stellungnahmen des kirchlichen Lehramtes in Rom und in Deutschland - auf sie wollte ich mich ja beschränken - nun im einzelnen zu betrachten sein wird, entbehrt meist solcher Deutlichkeit und Ehrlichkeit:

Wenige Wochen nach Kriegsende veröffentlichen die Kölner und Paderborner Bischöfe in einem gemeinsamen Hirtenwort eine Erklärung, die sich zwar „erschüttert" zeigt „vor der Offenbarung so furchtbarer Greueltaten in den Konzentrationslagern, vor dem Versuch, ganze Volkschaften", wie es nebulös heißt, „zu vernichten", aber der Krieg und die Kriegsfolgen, vor allem Zukunftssorgen prägen dieses erste lehramtliche Schreiben[46], das in seiner Gesamtkonstruktion etwas vorwegnimmt, was fast alle späteren Einlassungen des kirchlichen Lehramts kennzeichnet: betroffen sieht man sich auf der Seite derer, die als ganz und gar Außenstehende mit der Hölle von Auschwitz konfrontiert wurden, und verurteilt die antisemitische Energie der anderen.

Im gemeinsamen Hirtenbrief der deutschen Bischöfe vom August 1945 lesen wir: „auch aus unseren Reihen haben sich (viele) von den falschen Lehren des Nationalsozialismus betören lassen, sind bei den Verbrechen gegen menschliche Freiheit und menschliche Würde gleichgültig geblieben; viele leisteten durch ihre Haltung den Verbrechen Vorschub, viele sind selber Verbrecher geworden." Dennoch hat man den Eindruck, daß die Bischöfe hier, wie auch später, höchstens an einzelne Christen und deren fehlende Solidarität denken und daß sie mit den folgenden Worten keineswegs sich selbst bezichtigen wollten: „Schwere Verantwortung trifft jene, die auf Grund ihrer Stellung

---

[46] Bischöfe der Kölner und Paderborner Kirchenprovinz: Gemeinsamer Hirtenbrief "Die Ehrfurcht vor Gott und Mensch" vom 29.6.1945, KuJ, 232f.

wissen konnten, was bei uns vorging, die durch ihren Einfluß solche Verbrechen hätten hindern können und es nicht getan haben, ja diese Verbrechen ermöglicht und sich dadurch mit den Verbrechern solidarisch erklärt haben."[47] Wie aus unendlich großer Entfernung ist in diesem Wort von 1945 von „Volksgenossen fremden Stammes" die Rede, die zu beschützen und zu verteidigen „immer und immer wieder Katholiken jeden Standes und Alters sich nicht gescheut haben".[48] Daß es Juden waren, die millionenfach ins Gas geschickt wurden, sucht man hier vergeblich.

Auch der Mainzer Katholikentag vom September 1948 und seine „Entschließung zur Judenfrage"[49] bleibt unbefriedigend, selbst wenn es ein Fortschritt war, daß hier die Tradition begründet wurde, sich auf allen Katholikentagen mit dem Verhältnis von Christentum und Judentum zu beschäftigen. Aber was heißt Fortschritt, wenn man in Mainz zwar „im Geiste christlicher Bußgesinnung gegenüber der Vergangenheit" zu sprechen vorgibt, dann aber unnötigerweise einschärft, „die rechte christliche Liebeshaltung auch gegenüber den Juden leben und lehren" zu wollen, deren „einstige Heimkehr" hier, verräterisch genug, vom Liebeswillen der Christen abhängig gemacht wird.

1961 formulieren die deutschen Bischöfe ein „Gebet für die ermordeten Juden und ihre Verfolger":[50] „Wir bekennen vor Dir: Mitten unter uns sind unzählige Menschen gemordet worden, weil sie dem Volk angehörten, aus dem der Messias dem Fleische nach stammt ... Führe alle zur Einsicht und Umkehr, die auch unter uns mitschuldig geworden sind durch Tun, Unterlassen und Schweigen ... Ihren ungerecht erlittenen Tod aber laß heilsam

---

[47] Die deutschen Bischöfe: Gemeinsamer Hirtenbrief nach beendetem Krieg vom 23.8.1945: KuJ, 235.
[48] Ebd., 234.
[49] Vgl. KuJ, 239f.
[50] Vom 31.5.1961: KuJ, 242.

werden durch das Blut Deines Sohnes ..." Um es sarkastisch zu sagen: ein Gebet, das sich dem überfälligen kirchlichen Schuldbekenntnis gleichsam mit gefalteten Händen entzieht. Gesteigert wird dieser unwürdige Stil sogar noch, wenn die Bischöfe 1962, am Ende ihres gemeinsamen Hirtenbriefs zur Vorbereitung auf das Konzil[51], sprechen: „Alles Verschulden und Versagen wollen wir ehrlich bekennen und reumütig zum Lamm Gottes tragen, das auch diese Sünden hinwegnimmt und tilgt in seinem Erlöserblut." Hier scheint man weniger beim biblischen Erlöser, als bei einem Erlösungsmythos Zuflucht zu nehmen, der die Leidensgeschichte aufzuheben verspricht, ohne sie bearbeiten, ohne die eigene Mitschuld zugeben zu müssen.

Zwischen Kriegsende und Konzil ist also nicht sehr viel geschehen, kein wirkliches Schuldbekenntnis, keine theologisch radikale Analyse, die sich lehramtlich niedergeschlagen hätte, die vor allem an die Basis der Gemeinden und in das Alltagsbewußtsein der Katholiken gelangt wäre.

Aber was bringt das Konzil? Nichts Geringeres als eine „kopernikanische Wende", so das Urteil Willehad Paul Eckerts. Bezüglich des durch Nostra aetate möglich gewordenen Dialogs mit den Juden, deren göttliche „Berufung (für) unwiderruflich" erklärt und deren „gemeinsames Erbe" mit den Christen betont wird, ist dies Urteil gewiß berechtigt.[52] Doch die biblisch-theologischen und innerreligiösen Prozesse, die auf dieser neuen Basis möglich und in Gang gebracht wurden, sind hier nicht mein Thema. Hinsichtlich der Schoa aber und ihrer theologisch-politischen Hintergründe bleibt das Konzil stumm, was besonders schwer wiegt, wenn man bedenkt, daß allen Initiativen im Vorfeld des Konzils zwei Anliegen gemeinsam waren, und zwar

---

[51] KuJ, 243f.
[52] Vgl. W.P. Eckert/ E.L. Ehrlich (Hg.), Judenhaß - Schuld der Christen? - Versuch eines Gesprächs, Essen 1964 (Ergänzungsheft 1966!).

in dieser Reihenfolge: ein politisches, „nämlich die Verurteilung des Antisemitismus", „verbunden mit einem Schuldeingeständnis der Kirche in bezug auf dessen christliche Wurzeln" und erst danach ein theologisches, mit dem Ziel, der Kirche endlich wieder das 11. Kapitel des Römerbriefs einzuschärfen.[53] Eingeschüchtert durch Interventionen arabischer Staaten, die eine Aufwertung Israels befürchteten, unterbleibt jedoch die ursprünglich geplante Judenerklärung, unterbleibt vor allem ein kirchliches Schuldbekenntnis. Erneut reagiert die katholische Kirche diplomatisch, nicht radikal. Sie tritt, zumindest was ihre öffentlichen Erklärungen betrifft, nicht aus dem Schatten ihrer eigenen Versäumnisgeschichte heraus.

Daß es auf dem Konzil allerdings überhaupt noch zu einer Deklaration gekommen ist und der Widerstand der arabischen Staaten und anderer gebrochen werden konnte, ist auch einer Intervention der deutschen Bischöfe zu danken, die die große Debatte der Textvorlage im Herbst 1964 mit einer unmißverständlichen Erklärung eröffneten: „Wir deutschen Bischöfe begrüßen das Dekret besonders deshalb, weil wir uns des schweren Unrechts bewußt sind, das im Namen unseres Volkes an den Juden begangen worden ist."[54] Dies ist zwar nicht die Bitte um Verzeihung, die der damalige Koadjutor-Bischof von Straßburg, Leo Artur Elchinger, dem Konzil in der damaligen Debatte nahelegte[55] (und die das Konzil auch nicht erfüllt hat). Aber die Erklärung der Deutschen war vor allem deshalb so wichtig, weil ein anderes, ein arabisches Votum in der Konzilsluft hing, das die Notwendigkeit einer konziliaren Äußerung zu den Juden in

---

[53] Vgl. O.H. Pesch, Das Zweite Vatikanische Konzil. Vorgeschichte, Verlauf, Ergebnisse, Nachgeschichte, Würzburg 1993, 293.
[54] Erklärung der in Rom versammelten deutschen Bischöfe vom 28.9.1964: KuJ, 244.
[55] Vgl. K. Richter, Die katholische Kirche und das Judentum. Dokumente von 1945-1982, Freiburg/Brsg. 1982, 20.

Zweifel ziehen sollte und von dem Otto Hermann Pesch zu Recht sagt, daß es besonders „abgefeimt" war: „Die Kirche habe in der Zeit der nationalsozialistischen Judenverfolgung ihre Gesinnung hinreichend klar gemacht."[56]

Das Konzil, welches die Stellungnahme zum Judentum schließlich als viertes und fünftes Kapitel seiner Erklärung zum Verhältnis der Kirche zu den nichtchristlichen Religionen - „Nostra aetate" - einfügt, vermeidet also jede politische Dimension und spricht im Blick auf die Judenvernichtung nicht nur aus einer verdächtig abgehobenen Position, sondern auch unter Inanspruchnahme einer moralischen Autorität, die in dieser Sache gerade ihr Problem war und bis heute ist: „Im Bewußtsein des Erbes, das sie mit den Juden gemeinsam hat, beklagt die Kirche, die alle Verfolgungen gegen irgendwelche Menschen verwirft, nicht aus politischen Gründen, sondern aus Antrieb der religiösen Liebe des Evangeliums alle Haßausbrüche, Verfolgungen und Manifestationen des Antisemitismus, die sich zu irgendeiner Zeit und von irgend jemandem gegen die Juden gerichtet haben." - Insgesamt weist die theologisch hochgerühmte Konzilserklärung den Weg einer apolitischen, theologisch-immanenten Dialogizität, die, wie sich noch zeigen wird, die Bedürfnisse und Prioritäten des jüdischen „Dialog"-Partners nicht angemessen zur Kenntnis nimmt.

Einen qualitativ neuen Schritt tut die Gemeinsame Synode der Bistümer in der Bundesrepublik mit ihrer von Johann Baptist Metz entworfenen Erklärung „Unsere Hoffnung", verabschiedet am 22. November 1975: „wir waren... aufs Ganze gesehen doch eine kirchliche Gemeinschaft, die zu sehr mit dem Rücken zum Schicksal dieses verfolgten jüdischen Volkes weiterlebte,... und die zu den an Juden und Judentum verübten Verbrechen geschwiegen hat ... Die praktische Redlichkeit unseres Erneu-

---

[56] Vgl. O.H. Pesch, Das Zweite Vatikanische Konzil, a.a.O., 298.

erungswillens hängt auch an dem Eingeständnis dieser Schuld und an der Bereitschaft, aus dieser Schuldgeschichte unseres Landes und auch unserer Kirche schmerzlich zu lernen."[57]

In seiner ursprünglichen Form bindet der Text die Glaubwürdigkeit einer heutigen Gottesrede angesichts des hoffnungslosen Grauens von Auschwitz an die Tatsache, „daß es Ungezählte gab, Juden voran, die diesen Gott sogar in einer solchen Hölle immer wieder angerufen haben". Wie es allerdings mit dieser kirchlichen Glaubwürdigkeit auf der Synode selbst beschaffen war, wird erkennbar, wenn man die Endfassung dieser Stelle betrachtet, die, in den kritischen Worten von J.B. Metz, „wie eine Entschuldigung wirkt und jedenfalls der im Abschnitt angezielten Argumentation die Spitze abbricht"[58]. Und so lautet der verabschiedete Satz: „daß es Ungezählte gab, Juden und Christen, die diesen Gott sogar in einer solchen Hölle... angerufen haben."

Zur Bewertung wird man sagen müssen, daß es in diesem Passus des Synodenpapiers um einen eher kirchenpraktischen Schritt ging, um das so lange vermiedene und hinausgezögerte Schuldbekenntnis der deutschen Katholiken, weniger um die systematische Frage, ob und wie die christliche Lehre selbst zu den Judenpogromen der Nationalsozialisten beigetragen hat.

Diese Fragestellung lag zweifellos in der Konsequenz des von der Synode beschworenen „Erneuerungswillens" und hätte innerhalb der von den deutschen Bischöfen 1980 veröffentlichten „Erklärung über das Verhältnis der Kirche zum Judentum"[59]

---

[57] Unsere Hoffnung. Ein Beschluß der Gemeinsamen Synode der Bistümer in der Bundesrepublik Deutschland, Heftreihe: Synodenbeschlüsse, Nr. 18, Bonn 1976.
[58] J.B. Metz/B. Sauermost, Unsere Hoffnung. Ein Bekenntnis zum Glauben in dieser Zeit, in: D. Emeis/B. Sauermost (Hg.), Synode - Ende oder Anfang, Düsseldorf 1976, 58.
[59] Die deutschen Bischöfe, Erklärung vom 28.4.1980: KuJ, 260-280.

leicht entfaltet werden können. Tatsächlich aber bleibt diese umfangreiche, an die katholischen Gemeinden adressierte Stellungnahme gerade hier, wo es um kirchliche Selbstkritik angesichts des politischen Antisemitismus in Europa hätte gehen müssen, überaus blaß und fällt sogar noch hinter das in Würzburg erreichte Niveau zurück. Zunächst sprechen die Bischöfe noch einmal in jenem verdächtigen, apologetischen Parallelismus, der hier aber noch deplazierter wirkt, als im Synodenbeschluß, daß nämlich „Auschwitz ein Produkt des dezidierten Abfalls vom jüdischen (!) wie vom christlichen Glauben war". Aber dann wird betont: „Auch wenn wir uns dankbar daran erinnern, daß viele Christen sich teils unter großen Opfern für die Juden eingesetzt haben, dürfen und wollen wir weder vergessen noch verdrängen, was gerade in unserem Volk Juden angetan wurde." Indem sie, was auch relativ leicht gefallen sein muß, Letzteres nicht verdrängen wollen, verdrängen die Bischöfe weiterhin das speziell kirchlich-institutionelle Versagen im Dritten Reich.[60]

Die Interpretation zweier Worte der deutschen Bischöfe sollen das Kapitel „Erkanntes" beschließen: zum 50. Jahrestag der Novemberpogrome 1938 und zum 50. Jahrestag der Befreiung von Auschwitz 1945. Die Berliner, die Deutsche und die Österreichische Bischofskonferenz sprechen 1988[61] zum ersten Mal vom Versagen und Schweigen „der" katholischen Bischöfe Hitlerdeutschlands, sowie von „eine(r) sündige(n) und der Umkehr bedürftige(n) Kirche". Sie sehen darüber hinaus „die Quellen des Antijudaismus, der auch unter Katholiken verbreitet war", in

---

[60] Vgl. E. Zenger, Der Dialog muß weitergehen. Zwei wichtige Anstöße für eine notwendige Ökumene aus Juden und Christen, in: K. Richter (Hg.), Die katholische Kirche und das Judentum, a.a.O., 47ff.
[61] Berliner Bischofskonferenz/Deutsche Bischofskonferenz/Österreichische Bischofskonferenz: "Die Last der Geschichte annehmen". Wort der Bischöfe zum Verhältnis von Christen und Juden aus Anlaß des 50. Jahrestages der Novemberpogrome 1938, 20. Oktober 1988; vgl. P. Engelhardt, Umkehr der Kirche?, in: Wort und Antwort 30 (1989), 34-40.

jahrhundertealten theologischen Irrtümern. Aber diese neue, kritische Selbstwahrnehmung des kirchlichen Lehramtes wird derart geschickt in die apologetische Grundtendenz des Schreibens eingebettet, daß am Ende doch wieder nicht der Eindruck eines entschlossenen Schuldbekenntnisses, sondern eher der einer kleinmütigen Selbstverteidigung der Kirche entsteht. Gleichwohl sind die Bischöfe beim Wort zu nehmen.

Ihre Erklärung zur Befreiung von Auschwitz von 1995 ist mutiger, ehrlicher, präziser.[62] Ungeschützter wird davon gesprochen, daß „eine antijüdische Einstellung auch im kirchlichen Bereich" vorhanden war, die „mit dazu geführt (hat), daß Christen in den Jahren des Dritten Reiches nicht den gebotenen Widerstand gegen den rassischen Antisemitismus geleistet haben". Und glaubwürdiger klingt ihre Betroffenheit: „Es bedrückt uns heute schwer, daß es nur zu Einzelinitiativen für verfolgte Juden gekommen ist und daß es selbst bei den Pogromen vom November 1938 keinen öffentlichen und ausdrücklichen Protest gegeben hat".

Solche Worte waren überfällig. Ernst Ludwig Ehrlich[63] nennt sie „würdig", was sie auch sind. Doch selbst dieses letzte bischöfliche Dokument verliert den Mut und damit auch etwas von seiner Würde, wenn es sich mit der Feststellung begnügt, „Versagen und Schuld der damaligen Zeit haben auch eine kirchliche Dimension". Denn statt dies nun endlich zu entfalten und zumindest in Andeutungen auf die doktrinale und institutionelle Verantwortung der Kirche zu sprechen zu kommen, verweisen die Bischöfe zurück auf jenen Passus der Würzburger Synode, der sich ja selber durchaus noch als kirchlich und theologisch ergänzungsbedürftig erwiesen hatte. Nach 20 Jahren

---

[62] Wort der deutschen Bischöfe aus Anlaß des 50. Jahrestages der Befreiung des Vernichtungslagers Auschwitz am 27.1.1995, in: Orientierung Nr. 3, 59 (1995), 26f.
[63] Vgl. Orientierung Nr. 3, 59 (1995), 25.

Synode also kein wirklicher Fortschritt, nach 50 Jahren der Befreiung von Auschwitz keine Stellungnahme auf der Höhe der theologischen Forschung.

Kommen wir deshalb zum „Verdrängten". Niemand geringerer als der gegenwärtige Papst, hatte ja zu einer theologisch-kritischen Reflexion ermutigt.[64]

III. Verdrängtes

Verdrängt wird in den Erklärungen und im öffentlichen Leben der katholischen Kirche nach wie vor, und zwar im Zuge zunehmenden theologischen Interesses für Juden und Judentum, der christliche Anteil an der Katastrophe von Auschwitz. Die Tatsache, daß der Würzburger Synodentext „Unsere Hoffnung" mit seinem Schuldbekenntnis nicht an die Basis gelangt ist, bzw. daß eine sogenannte „Theologie nach Auschwitz"[65] bei uns bisher rein akademisch blieb, ist bedrückend.

Darüber hinaus gibt es schon wieder jene gutgelaunten jungen Leute in Gemeinden, theologischen Fakultäten und Bildungsveranstaltungen, denen nicht mehr klarzumachen ist, inwiefern dieses Grauen unserer jüngeren deutschen Vergangenheit nicht einfach vergessen werden darf, sondern eine bleibende Anfrage an Kirche, Theologie, ja den Gottesglauben selbst darstellt - eine Herausforderung zu Bekenntnis und Umkehr, die noch gar nicht wirklich erkannt ist und doch bereits viele zu langweilen beginnt, und dies im Augenblick eines wiedererstarkenden Rechtsradikalismus und einer wachsenden Gewalt gegen Fremde, in der

---

[64] Vgl. oben Anm. 45.

[65] Vgl. etwa R. Ruether, Nächstenliebe und Brudermord. Die theologischen Wurzeln des Antisemitismus, München 1978 (New York 1974); E. Kogon/J.B. Metz, Gott nach Auschwitz. Dimensionen des Massenmords am jüdischen Volk, Freiburg 1979; J. Kohn, Haschoah, Christlich-jüdische Verständigung nach Auschwitz, München/Mainz 1986.

verwahrloste, kirchlich-theologisch vernachlässigte „Kultleidenschaften" (Botho Strauß) sichtbar werden.

Nach wie vor verdrängt bleibt in den kirchenoffiziellen Stellungnahmen, daß die christliche Religion - so, wie sie sich der abendländisch-europäischen Kultur eingeprägt hat - die Stereotypen des modernen Judenhasses geliefert hat. Hitler konnte sich nicht nur als Erfüller eines antisemitischen, sondern darin eines uralten (wenn auch vielfach pervertierten) christlich-antijüdischen Traums in Szene setzen. In seiner allgemeinsten Form ist dies der Traum, der auch die Conquista 1492 erfüllte, von einem einheitlichen, alle Kontinente, Länder, Völker, alle Seelen umfassenden Kosmos, der nichts Fremdes duldet. Schon im katholischen Spanien waren die Juden die ersten, die dieser monströsen Totalität zum Opfer fielen, und bereits im 16./17. Jahrhundert wurde ebendort die „limpieza de sangre", die Reinheit des Blutes (nicht die Religion), zum Maßstab gemacht: der religiöse Judenhaß war, im Zentrum des politischen Katholizismus, antisemitisch geworden![66] Verdrängt also wird, daß vor der Selektion in Auschwitz - in wie großem Abstand auch immer - die christliche Verwerfung, Aussonderung und Ausklammerung von Juden stand, daß im Zentrum des abendländischen Antijudaismus und Antisemitismus letztlich ein christologisches Dogma stand, das in einer derartigen Absolutheit formuliert und veralltäglicht worden war, daß für die Judenheit und ihre umfassenderen Erwartungen überhaupt kein Platz mehr blieb.

Ignoriert wird vom kirchlichen Lehramt, was Elie Wiesel einprägsam formulierte: daß nicht das Judentum, sondern das Christentum in Auschwitz gestorben sei. Dieser Gedanke folgt bei ihm nicht einer spontanen schriftstellerischen Eingebung,

---

[66] Vgl. Y. Bauer, Vom christlichen Judenhaß zum modernen Antisemitismus, in: Jahrbuch für Antisemitismusforschung I, Frankfurt/M. 1992, 79.

sondern zieht, ähnlich wie Nietzsche[67] und Overbeck es taten, die Konsequenzen aus dem zentral-christlichen Anspruch selbst. Es ist ja doch das Ziel der christlichen Verkündigung von Anfang an, das erhoffte Heil zu „erden", Visionen des Reiches Gottes immer auch in politisch-geschichtlicher Konkretheit zu entwickeln und so den messianischen Vorbehalt Israels qualitativ zu überbieten. Die Kirche steht und fällt mit dieser präsentischen Ambition, und das christliche Dogma erträgt keine Distanz, duldet keinerlei Zweifel.[68] In der kranken Phantasie derer, die die Endlösung planten, staut sich noch - strukturell und auf säkularisierte Art - die jahrhundertealte christliche Wut über die „treulosen Juden" (wie es in den alten Karfreitagsfürbitten hieß), die sich nicht unterwerfen wollten, d.h. über die Erfolglosigkeit, sie für das christliche Dogma zu gewinnen[69], kurz: die Wut über die von Anfang an gescheiterte Judenmission.

Die päpstliche Kommission für die Religiösen Beziehungen zum Judentum wiesen die Christen in ihren „Richtlinien" für die Durchführung von Nostra aetate an, „bestrebt (zu) sein, die Schwierigkeiten zu verstehen, die die jüdische Seele, gerade weil sie von einem sehr hohen und reinen Begriff der göttlichen Trans-

---

[67] F. Nietzsche, Menschliches, Allzumenschliches II, 98, in: ders., Werke in drei Bänden, hg. von K. Schlechta, München 1966, 775f: "Wenn Christus wirklich die Absicht hatte, die Welt zu erlösen, sollte es ihm nicht mißlungen sein?"

[68] Vgl. E. Peterson, Was ist Theologie?, in: ders., Theologische Traktate, Würzburg 1994, 20: "Der objektive und konkrete Ausdruck aber dafür, daß Gott in der Menschwerdung den Menschen auf den Leib gerückt ist, ist das Dogma. Es ist so sehr der adäquate Ausdruck für diesen Sachverhalt, daß jede Wendung gegen das Dogma, wie sie etwa der Ketzer unternimmt, sinnvollerweise auch eine am *Leibe* des Ketzers vorgenommene Bestrafung im Gefolge hat."

[69] Vgl. dazu F. Rosenzweig, der im christlichen Antisemitismus eine instinktive Verbitterung darüber erkennen zu können meint, daß die Juden "die weltüberwindende Fiktion des christlichen Dogmas nicht mitmachen". In: ders., Ges. Schriften I. Briefe und Tagebücher, Bd. 1: 1900-1918, 252.

zendenz geprägt ist, gegenüber dem Geheimnis des fleischgewordenen Wortes empfindet."[70] Aber sind die Christen selbst dieser ihrer Menschwerdungslehre „gewachsen", oder sind sie nicht, wovor das Judentum stets gewarnt hatte, der „Verführung des Heidentums" erlegen und meinen weniger Gott in seiner transzendenten Heiligkeit und Unvorstellbarkeit, als das „Heilige, das durch die Welt hindurchscheint" und worin Emanuel Levinas „die Quelle jeder Grausamkeit gegen den Menschen" erblickt?[71]

Grausamkeit deshalb, weil genau solche geheimnisvollen Verbundenheiten mit der Natur und dem Ort, mit Blut und Boden, die „Spaltung der Menschheit in Einheimische und Fremde", wie Levinas sagt, in „Lebenswerte" und „Lebensunwerte" bedeuten. Die Nazis konnten vielleicht nur deshalb eine heidnische Blut-und-Boden-Religion etablieren, weil Christen im Laufe ihrer Glaubensgeschichte den unerreichbar-transzendenten Gott Israels in einer mißverstandenen Menschwerdungslehre längst preisgegeben und vergessen hatten. Um es thesenhaft auszudrücken: wer in der Christologie nicht auch das Nein der Juden zu Christus mithören und in diesem Nein ihre bleibende Treue zum gemeinsamen jüdisch-christlichen Gott anerkennen kann, der hat dem christologischen Antijudaismus bereits Tür und Tor geöffnet.

Verdrängt und vergessen wird daher, daß es die Christen waren, die der modernen Gottlosigkeit, an deren Ende in letzter, furchtbarer Konsequenz die Hölle von Auschwitz steht, den Weg bereitet haben. Weil sie das, was für die Juden im Zentrum ihres Glaubens steht: Gottes Unantastbarkeit, in immer neuen theologischen Kompromissen, dem philosophischen Denken, den gesellschaftlichen Zwängen und nationalen Bedürfnissen ange-

---

[70] Vgl. KuJ, 49.
[71] E. Levinas, Heidegger, Gagarin und wir, in: ders., Schwierige Freiheit. Versuch über das Judentum, Frankfurt/M. 1992, 175f.

paßt haben und auch heute wieder ursächlich an dem beteiligt sind, was J.B. Metz diagnostisch „Gotteskrise" nennt.

Verdrängt wird vor allem eines, womit ich meine Überlegungen zusammenfassen und abschließen kann, daß die Christen es sind, die den Dialog mit den Juden brauchen - theologisch brauchen - im Gegensatz zu den Juden, die diesen Dialog eigentlich nur führen, um den Anspruch zu festigen, „ohne Bedingungen zu existieren und als Juden zu gelten"[72], kurz: damit Auschwitz sich nicht wiederhole. Während es der Kirche also um ihre christliche Identität zu tun ist, die sie erst recht nach der Schoa nur zusammen mit Israel und den Juden begreifen und sichern kann, geht es diesen im Grunde um nichts anderes als ums Überleben, das durch Auschwitz auf dramatische Weise fraglich geworden war und fraglich bleibt, weil das Grauen zurückkehren kann und in manchen Hirnen schon wieder Konturen gewinnt. - Nicht, daß die Kirche, stärker als die Synagoge, der ständigen theologischen Vergewisserung bedarf, ist das Problem: es ist eine ihrer Überlebensbedingungen! Aber wenn die reflexiven Bemühungen der Christen und Kirchen nur der eigenen Identitätsfindung und nicht auch, und sogar vorrangig, dem Ziel dienen, alle Elemente aus ihrer Lehre zu entfernen, die durch ihre Absolutheits- und Überbietungsvorstellungen einem politischen Antisemitismus erneute Nahrung liefern können, hätten sie den Dialog mißbraucht, der - diese Konsequenz drängt sich aus der christlich-deutschen Vergangenheit geradezu auf - theologisch nur stimmt, wo er auch politisch ist.[73]

---

[72] L.H. Ehrlich, Fraglichkeit der jüdischen Existenz. Philosophische Untersuchungen zum modernen Schicksal der Juden, Freiburg/München 1993, 261.
[73] Vgl. J.B. Metz, Gott nach Auschwitz, a.a.O., 129: "Der jüdische Partner in diesem gesuchten neuen Verhältnis wäre m.E. nicht nur der im konventionellen Sinn religiöse Jude, sondern der von Auschwitz bedrohte Jude überhaupt."

Schlimm also, wenn die Kirchen den Unterschied in den Dialog-Interessen übersähen und das Gespräch mit den Juden zu apologetischen Zwecken mißbrauchten. Schlimmer, wenn sie es insgeheim schon wieder deshalb führten, weil sie theologisch dominieren wollen, weil sie nicht aufhören können, zu missionieren, weil sie zwar Dialog und Ökumene mit den Juden wollen, aber im Sinne einer gemeinsamen Klammer, die letztendlich doch ein christliches Vorzeichen trüge. Dazu hatte Franz Rosenzweig im Gespräch mit dem konvertierten Eugen Rosenstock 1916 das Nötige bereits gesagt: „Soll ich 'mich bekehren', wo ich von Geburt her 'auserwählt' bin? Gibt es für mich diese Alternative überhaupt...Ist es nicht *mein* Schiff?"[74] - Das Schiff, ergänze ich, des Offenbarungsglaubens Israels, das auch die Kirche trägt, wenn sie nicht untergehen soll.

---

[74] F. Rosenzweig. a.a.O., 254. Vgl. zu diesen systematischen Problemen des jüdisch-christlichen Dialogs: G. Grunden, Fremde Freiheit. Jüdische Stimmen als Herausforderung an den Logos christlicher Theologie, Münster 1996.

Die Evangelische Kirche und das Judentum seit 1945

Klaus Schäfer

Jeden Morgen, wenn ich ins Büro fahre, gehe ich von meinem Haus parallel zur Zylberberg-Straße in Hamburg-Schnelsen; ich muß dann die James Marek-Straße überqueren und gehe über den Roman Zeller-Platz, um die Bahn zu erreichen, die mich zu meinem Büro bringt. Die Straßen in diesem riesigen Neubaugebiet in Hamburg - 6.500 Personen sind schon hierher gezogen - haben seltsame, z. T. fremd klingende Namen. Siebzehn neue Straßen mit solchen und ähnlichen Namen gibt es schon; drei weitere werden noch folgen.

Die Straßen in Burgwedel/Schnelsen tragen die Namen jüdischer Kinder. In der Nacht vom 20. auf den 21. April 1945 wurden sie im Keller der Hamburger Schule am Bullenhuser Damm ermordet. Die jüngsten dieser Kinder waren fünf, die ältesten zwölf Jahre alt. Ruchla Zylberberg war neun Jahre; sie stammte aus Zawichost im Gebiet Zandomierz in Polen; ihre Mutter und ihre Schwester wurden in Auschwitz umgebracht, Ruchla wurde mit den anderen Kindern nach Neuengamme zu medizinischen Versuchen überstellt. James Marek stammt ebenfalls aus Polen; seine Eltern überlebten Auschwitz, aber der Junge war für medizinische Experimente ausgesucht und von seinen Eltern getrennt worden. Marek James war sechs Jahre, als er durch Erhängen starb. Auch Roman Zeller stammte aus Polen. Er zwar zwölf Jahre alt, als er umgebracht wurde; seine Familie ist bisher nicht gefunden worden.

Bevor die Kinder aus Angst vor Entdeckung durch die Alliierten umgebracht wurden, hatte ein SS-Arzt an ihnen medizinische Versuche unternommen: Er hatte sie mit Tuberkulose-Bakterien infiziert und ihnen die Lymphdrüsen herausoperiert.

20 jüdische Kinder, unwertes Leben, gebraucht für Experimente und dann weggeworfen. Der hauptverantwortliche für den Mord, der ehemalige SS-Obersturmführer Arnold Strippel, wurde für seine Tat nie bestraft.[75]

Ich erzähle dies, um uns daran zu erinnern, in welchem Kontext wir über die Evangelische Kirche und das Judentum seit 1945 sprechen. Wir kommen her von einer Geschichte des Grauens und Schreckens, des Mordens und Tötens - und auch einer Geschichte der Verdrängung, denn es hat bis jetzt gedauert, daß den jüdischen Kindern vom Bullenhuser Damm dieses Andenken gegeben worden ist.

Wenn wir über die evangelische Kirche und das Judentum seit dem Ende der Naziherrschaft nachdenken, werden wir uns fragen müssen, ob die Kirche sich dieser Wirklichkeit, dieser Greueltaten gestellt hat. Hat sie etwas daraus gelernt?

Die Aufgabe: Bericht über einen Lernprozeß

Ich möchte uns hineinnehmen in einen Lernprozeß, der in der evangelischen Kirche seit 1945 begonnen hat und weiter stattfindet. Man wird fragen können, ob dieser Lernprozeß, der Erinnerung, Umkehr und Erneuerung bedeutet, nicht hätte rascher sein können, nicht intensiver, nicht breitere Schichten in und außerhalb der Kirche hätte erfassen können. Aber immerhin: Es gab und gibt diesen Lernprozeß, unabgeschlossen, fragmentarisch, angefochten, aber doch mit ganz deutlichen Tendenzen.

Dieser Lernprozeß hat viele Fascetten, Ebenen, Aspekte und stets neue Impulse. Ich kann hier nicht auf alle Zusammenhänge eingehen, sondern möchte mich beschränken auf theologische Fragestellungen und Neubesinnung. Provoziert ist der Lernprozeß

---

[75] Zur Information über die Straßennamen und die Geschichte der jüdischen Kinder vgl. "Straßen der Erinnerung", hrsg. von der Vereinigung "Kinder vom Bullenhuser Damm e.V.", Bullenhuser Damm 92, 20539 Hamburg.

der Umkehr und Erneuerung im Blick auf die christlich-jüdischen Beziehungen durch die Auseinandersetzung mit der Schoa, der Geschichte der Vernichtung des Judentums in Deutschland; behindert wurde er oft durch die Verdrängung des Schrecklichen, was geschah. Möglich wurde dieser Prozeß der Neubesinnung aber nur dadurch, daß sich Juden trotz der Erfahrung der Schoa dem Gespräch mit Christen nicht versagt haben. Daß dieses Gespräch stattfinden konnte - in den seit 1948 gegründeten Gesellschaften für Christlich-Jüdische Zusammenarbeit wie in vielen anderen Organisationen, Arbeitsgruppen und Zusammenhängen - ist als ein großes Geschenk anzusehen.

Überblick: Wegweisende Zeichen im Lernprozeß

Jeder Lernprozeß hat bestimmte bedeutende, sozusagen verdichtete Phasen, in denen neue Einsichten und Erkenntnis entstehen und dann auch formuliert werden. Diese Formulierungen sind oft das Ergebnis eines intensives Ringens, einer Auseinandersetzung, eines Klärungsprozesses, zugleich aber fördern sie das Verständnis, bringen diese Einsichten zu einem breiteren Publikum und regen neue Diskussionen an.

Auch der Lernprozeß der Evangelischen Kirche im Blick auf ihre Beziehung zum Judentum hat bestimmte Wegmarken, wichtige Dokumente, Texte, Studien, die den Weg öffnen, Neues wagen und Erkenntnis ein Stück weiterbringen. Sie haben die kirchliche Diskussion nachhaltig beeinflußt und sind deshalb so etwas wie wegweisende Zeichen gewesen. Da ich auf einige der bedeutendsten kirchlichen Verlautbarungen - bzw. auf christlich-jüdische Arbeitsgruppen - immer wieder zur sprechen komme, möchte ich sie am Anfang gleich nennen:[76]

---

[76] Eine umfangreiche Dokumentation kirchlicher Erklärungen zum christlich-jüdischen Verhältnis ist von R. Rendtorff und H. H. Henrix vorgelegt worden: Die Kirche und das Judentum. Dokumente von 1945 bis 1985, Paderborn/ München 1988; vgl. auch U. Schwemer: Christen und Juden. Dokumente der

1. Die „Arbeitsgemeinschaft Juden und Christen beim DEKT", die zum ersten Mal auf dem Kirchentag 1961 in Berlin in Erscheinung getreten ist und mit ihren beiden programmatischen Veröffentlichungen: „Der ungekündigte Bund" (1961) und „Das gespaltene Gottesvolk" (1965) entscheidende Weichenstellungen für den späteren innerkirchlichen Klärungsprozeß gegeben hat.[77]

2. Die Arbeit der 1967 vom Rat der EKD eingesetzte „Studienkommission 'Kirche und Judentum' der Evangelischen Kirche in Deutschland", die 1975 die Studie „Christen und Juden" vorgelegt hatte und damit das Verhältnis von Christen und Juden zum ersten Mal in einer breit angelegten und gründlichen Weise im kirchlichen Auftrag und mit kirchlicher Bevollmächtigung thematisierte und neu zu bestimmen versuchte.[78]

3. Der Synodalbeschluß der Rheinischen Landessynode vom Januar 1980 „Zur Erneuerung des Verhältnisses von Christen und Juden" mit den dazu gehörigen Thesen, der das Dokument einer kirchenleitenden Versammlung darstellt und so etwas wie ein

---

Annäherung, Gütersloh 1991. Zur Kommentierung der kirchlichen Verlautbarungen bis 1988 vgl. R. Rendtorff, Hat denn Gott sein Volk verstoßen? Die evangelische Kirche und das Judentum seit 1945. Ein Kommentar (Abhandlungen zum christlich-jüdischen Dialog Bd. 18), München 1989; und unter besonderer Berücksichtigung des Themas "Judenmission" vgl. auch K. Schäfer, Umstrittene Judenmission, EMW-Information Nr. 104, Juni 1995 (kann kostenlos beim Evangelischen Missionswerk in Deutschland, Normannenweg 17-21, 20537 Hamburg, bezogen werden).

[77] Die Äußerungen der Arbeitsgemeinschaft sind nicht Verlautbarungen kirchlicher Leitungsgremien. Auch wenn ihr Einfluß zunächst begrenzt blieb und ihre Thesen mitunter heftigen Widerspruch hervorriefen, haben sie entscheidend zur Neuorientierung in der christlich-jüdischen Beziehung beigetragen.

[78] Vgl. R. Rendtorff: Christen und Juden. Eine Studie des Rates des Evangelischen Kirche in Deutschland. Hrsg. im Auftrag des Rates von der Kirchenkanzlei der EKD, Hannover, Gütersloh 1975.

Bekenntnisdokument geworden ist, das die gesamte weitere Diskussion bestimmte.[79]

4. Schließlich ist als wichtiges Dokument noch die zweite Studie der Studienkommission der EKD „Christen und Juden II" von 1991 zu nennen. Sie versucht, den seit der ersten Studie von 1975 in der Evangelischen Kirche gewachsenen Konsens bzw. die offenen Fragen zusammenzufassen und so zu weiterer Diskussion anzuregen.[80]

Neue Einsichten im kirchlichen Lernprozeß

Ich möchte meinen Bericht über den kirchlichen Lernprozeß so gliedern, daß ich von sechs neuen Erkenntnissen sprechen werde, die die Kirche im Verhältnis zum Judentum und im Gespräch mit dem Judentum seit 1945 gewonnen hat.

Dabei gehe ich nicht unbedingt chronologisch vor, sondern eher systematisch, doch mit Beachtung chronologischer Zusammenhänge in den einzelnen Erkenntnisgewinnen.

1. Erkenntnis: Christliche Mitschuld an der Schoa

Von der schrecklichen Geschichte der Judenvernichtung im Dritten Reich war schon die Rede. Ich möchte es jetzt noch einmal aufnehmen und eine erste, grundlegende Erkenntnis aussprechen.

In seinem Rückblick auf 20 Jahre Arbeitsgemeinschaft Christen und Juden beim DEKT auf dem Hamburger Kirchentag 1981 beschreibt Dietrich Goldschmidt in einer sehr einfühlsamen und geradezu barmherzigen Weise die Situation, in der die Kirche 1945 stand:

---

[79] Vgl. Umkehr und Erneuerung. Erläuterungen zum Synodalbeschluß der Rheinischen Landessynode 1980 "Zur Erneuerung des Verhältnisses von Christen und Juden", hrsg. von B. Klappert und H. Starck, Neukirchen-Vluyn 1980.

[80] Der Text ist zugänglich als epd Dokumentation 5/92.

„Am 8. Mai 1945 hatte grauenhafter Mord in Konzentrationslagern und Gefängnissen geendet und zugleich begann sich der Schleier von dem entsetzlichen Geschehen zu heben. Den Christen, den Kirchen, verschlug es die Sprache. Es war schwer, das Geschehen anzunehmen; noch schwerer, es zu begreifen und zu verarbeiten. Nur wenige wagten, sich Rechenschaft über die eigene Verstrickung zu geben."[81]

Man mag fragen, ob die Scham der Christen über ihre Schuld Ursache für ihr Schweigen gewesen ist. Jedenfalls erinnert Goldschmidt zu Recht daran:

„Im Stuttgarter Schuldbekenntnis von 1945 werden Judenverfolgung und Judenmord nicht erwähnt."[82]

Erst die Synode der EKD in Berlin-Weißensee von 1950 wird konkreter und erwähnt den „Frevel" an den Juden, an dem die Christen „mitschuldig" geworden sind. Die Formulierung freilich, die das Wort „mitschuldig" in den Vordergrund stellt und es in „Schweigen und Unterlassen" sieht, den „Frevel" selbst aber offenbar nur von einer bestimmten Menschengruppe begangen sieht, scheint distanzierend:

„Wir sprechen es aus, daß wir durch Unterlassen und Schweigen vor dem Gott der Barmherzigkeit mitschuldig geworden sind an dem Frevel, der durch Menschen unseres Volkes an den Juden begangen worden ist."

Die Studie „Christen und Juden" von 1975 spricht im Blick auf die Schuld oder Mitschuld der Christen an der Schoa in einer sehr

---

[81] D. Goldschmidt, a.a.O. (vgl. S.123), S. 11.
[82] Ebd. Auch die Studie "Christen und Juden II" weist später darauf hin, daß das Stuttgarter Schuldbekenntnis die Schuld an den Juden noch nicht erwähnt: "Die Verbrechen am jüdischen Volk wurden hier nicht ausdrücklich erwähnt, und die Schuld der Christen wurde vor allem im mangelnden Kampf gegen Unrecht und Verbrechen gesehen; von einer Teilnahme der Christen selbst an der Schuld gegenüber dem jüdischen Volk wurde nicht gesprochen." (1.1.)

zurückhaltenden Weise. Bertold Klappert hat aus späterer Sicht - aus der Perspektive der Rheinischen Synodalerklärung - das „Umgehen der Schuldfrage in der Studie" heftig kritisiert. Die Studie spricht von der besonderen Verpflichtung, die den Christen in Deutschland „aus den schuldhaften Versäumnissen der Vergangenheit erwächst". Der Leitsatz zu III. 4. lautet: „Die Christen in Deutschland können und dürfen nicht vergessen, welche Verbrechen im Namen des Deutschen Volkes an den Juden begangen worden sind, und treten darum für neue Beziehungen zu allen Juden ein". Nach Klappert umgeht diese Formulierung die Schuldfrage. Tatsächlich, so berichtet er, habe in der ursprünglichen Vorlage von der Mitverantwortung und Schuld der Christenheit am Holocaust gesprochen. Der Satz habe gelautet: „Die Christen in Deutschland bekennen ihre Mitschuld an den Verbrechen, die im Namen des Deutschen Volkes an den Juden begangen worden sind."[83]

Auch sonst ist die Zurückhaltung der Studie im Blick auf die Schuldfrage kritisiert worden. Eberhard Bethge etwa stellte einige Jahre nach Veröffentlichung der Studie in harten Worten fest:

„Die Studie scheint mir eigentlich auch mehr von der Distanz der Christen zu den NS-Exekutoren zu reden als von der Entdeckung, der wir uns doch kaum werden entziehen können, daß die Nationalsozialisten kaum ein einziges antisemitisches Wort erfunden, nicht einmal die Formen der Gettoisierung und auch der Vernichtung (ausgenommen den Gebrauch von Gas) zum ersten Mal entwickelt haben; sondern daß Christen als die herrschende Schicht in Jahrhunderten die Modelle ausgearbeitet haben, die

---

[83] B. Klappert, Die Wurzel trägt dich. Einführung in den Synodalbeschluß der Rheinischen Landessynode, in: B. Klappert/H. Starck, Umkehr und Erneuerung, a.a.O., S. 23-54, S. 32f.

Juden zu definieren und diese Definition mannigfaltig zu exekutieren."[84]

Rolf Rendtorff, der selbst zu den Verfassern der Studie gehörte, hat später festgestellt, daß „die ungenügende Behandlung der Frage der christlichen Schuld oder Mitschuld" „damals noch nicht wirklich in unser Bewußtsein gedrungen war." Und er stellt im Rückblick fest: „Man muß also sagen, daß die Verfasser der Studie damals in ihrer theologischen Einsicht noch nicht so weit vorangekommen waren und daß es zu jener Zeit im Bereich der EKD offenbar auch niemanden gab, der ihnen darin hätte weiterhelfen können."[85]

Erst die kirchlichen Erklärungen der 80er Jahre sprechen hier eine sehr viel deutlichere und konkretere Sprache, teilweise in bekenntnishaften Formulierungen. Besonders klar ist dies im Synodalbeschluß der Rheinischen Landeskirche von 1980:

„Wir bekennen betroffen die Mitverantwortung und Schuld der Christenheit in Deutschland am Holocaust."

Zwischen den früher eher zurückhaltenden Hinweisen auf ein Versagen und eine Unterlassung der Christen zur Zeit des Dritten Reiches und diesem Schuldbekenntnis steht ein tiefer Lernprozeß, der sich in den Kirchen erst ganz allmählich vollzog. Sah man in der Zeit unmittelbar nach dem Zweiten Weltkrieg die Schuld doch eher in einer von nicht-christlicher, ja anti-christlicher Ideologie geprägten und von ihr allein zu verantworteten Bevölkerungsschicht, von der man sich selbst meinte distanzieren zu können, hatte sich erst in den späten 70er Jahren eine andere Sicht Bahn gebrochen. In den Vordergrund trat jetzt die Erkenntnis, daß das Christentum durch eine lange Tradition der Juden-

---

[84] E. Bethge, Kirchenkampf und Antisemitismus, in: Richte unsere Füße auf den Weg des Friedens, FS H. Gollwitzer, 1979, S. 167-184, S. 180f.; zitiert bei B. Klappert, a.a.O (vorige Anm.), S. 35.
[85] R. Rendtorff, Hat denn Gott sein Volk verstoßen?, a.a.O., S. 70.

feindschaft und des Judenhasses selbst mit dazu beigetragen hat, dem Antisemitismus des Nationalsozialismus und der physischen Vernichtung der Juden den Boden zu bereiten.

Es bedurfte insbesondere einer intensiven Auseinandersetzung mit der Schoa, um die Mitverantwortung der Christen für den Holocaust und die Schuld der Kirche sehr viel radikaler und tiefgreifender zu erfassen als noch in den Jahrzehnten unmittelbar nach dem Zweiten Weltkrieg. Bezeichnend ist deshalb, daß die vom Ausschuß „Christen und Juden" der Rheinischen Landeskirche erarbeiteten und von der Landessynode entgegengenommenen „Thesen zur Erneuerung des Verhältnisses von Christen und Juden", die die Grundlage für den zitierten Synodalbeschluß bildeten, den „Holocaust als Wendepunkt" (vgl. I), d.h. als Anstoß zur Umkehr und Erneuerung im christlich-jüdischen Verhältnis bezeichnen und die Auseinandersetzung mit dem Holocaust auch den Synodalbeschluß selbst kennzeichnen. Eine Mitschuld der Christen, so wurde jetzt deutlich, lag nicht einfach nur im Schweigen und Versagen in jener Zeit, in der man hätte eingreifen können oder jedenfalls sollen. Vielmehr wurden sich Christen in einem Lernprozeß zunehmend deutlicher und schmerzlicher bewußt, „daß Theologie und Kirche an der langen Geschichte der Entfremdung und Feindschaft gegenüber den Juden beteiligt waren" (so die Erklärung der Evangelischen Kirche in Deutschland und des Bundes der Evangelischen Kirchen der DDR zum 9. November 1988).

2. Erkenntnis: Antijudaistische Grundstruktur christlicher Theologie

Mit den letzten Bemerkungen zur Schuldfrage ist schon der Übergang zu einem zweiten Aspekt eingeleitet: Der Erkenntnis der antijudaistischen Prägung der klassischen christlichen Theologie.

Während die frühen kirchlichen Erklärungen nach 1945 vor dem „Antisemitismus" warnen, diesen Antisemitismus aber als eine auch anti-christliche oder zumindest nicht-christliche Ideologie darstellen und deshalb konsequenterweise abweisen, will das Stichwort „Antijudaismus" gerade die christlich begründete Judenfeindschaft in den Blick nehmen. Nach der Definition von „Christen und Juden II" meint „Antisemitismus" im „allgemeinen Sprachgebrauch ... die Denkweise und das Verhalten der Verachtung, der Feindseligkeit und des Hasses gegenüber Juden, weil sie Juden sind." Der Begriff „Antijudaismus" sei demgegenüber „in neuerer Zeit eingeführt worden, um eine aus der christlichen Tradition begründete Judenfeindschaft vom allgemeinen Antisemitismus abzusetzen. Antijudaismus nennt man judenfeindliche Einstellungen und die jüdische Glaubensweise herabsetzende Äußerungen im Verlauf der Geschichte der christlichen Kirche."[86]

In den letzten Jahrzehnten ist zunehmend deutlicher geworden, daß die christliche Tradition tief antijudaistisch geprägt gewesen ist.[87]

Die antijudaistische Orientierung christlicher Theologie zeigt sich nach dem Zweiten Weltkrieg noch einmal im „Wort zur Judenfrage", das der Bruderrat der EKD im April 1948 in Darmstadt verabschiedete. Dieses Wort ist bestimmt von dogmatischen Urteilen über Israel bzw. das Judentum, das dem heutigen Judentum letztlich jegliches Existenzrecht als eigene religiöse Gemein-

---

[86] Christen und Juden II, 3.2.1.
[87] Ein provokatives Buch, das den christlichen Antijudaismus anprangerte, erschien 1974 in den USA und dann 1978 in deutscher Übersetzung: Rosemary Ruether, Nächstenliebe und Brudermord. Die theologischen Wurzeln des Antisemitismus (Abhandlungen zum christlich-jüdischen Dialog Bd. 7), München 1978. Vgl. auch: Auschwitz - Krise der christlichen Theologie. Eine Vortragsreihe (Abhandlungen zum christlich-jüdischen Dialog), hrsg. von R. Rendtorff und E. Stegemann, München 1980.

schaft, die ihr Leben nach der Tora zu gestalten sucht, abstreitet. Die „Erwählung und Bestimmung Israels" hat durch die Geburt des Sohnes Gottes als Jude „ihre Erfüllung gefunden". „Indem Israel den Messias kreuzigte, hat es seine Erwählung und Bestimmung verworfen". „Die Erwählung Israels ist durch und seit Christus auf die Kirche aus allen Völkern, aus Juden und Heiden, übergegangen"; die Gemeinde Christi wartet „darauf, daß die irrenden Kinder Israels den ihnen von Gott vorbehaltenen Platz wieder einnehmen"; „Gottes Treue läßt Israel, auch in seiner Untreue und in seiner Verwerfung, nicht los". Sein Gericht ist Zeichen seiner Langmut, darüberhinaus aber auch Warnung Gottes an die christliche Gemeinde: „Daß Gott nicht mit sich spotten läßt, ist die stumme Predigt des jüdischen Schicksals" - und Mahnung für die Juden, „ob sie sich nicht bekehren möchten zu dem, bei dem allein auch ihr Heil steht."

Getragen sind diese Aussagen über Israel von der Enterbungstheorie: Die Kirche hat Israel beerbt und damit enterbt; Israel ist von der Kirche abgelöst worden, Israel als eigenständiges Volk Gottes hat deshalb kein Existenzrecht mehr.

Dieses Substitutionsmodell war gewissermaßen das klassische christliche Modell einer Verhältnisbestimmung von Kirche und Israel. Ansätze davon finden sich bereits im NT. Aber auch andere Theorien sind mit ähnlichen Konsequenzen vertreten worden.[88] Wenn zum Beispiel gesagt wird, daß die Kirche das an Christus gläubige Rest-Israel integriert - Integrationsmodell -, dann hat auch das „ungläubige" Israel keine Existenzberechtigung. Ebenso raubt die Vorstellung von Israel als Vorstufe der Kirche - das Typologie-Modell - dem Volk Israel seine Selbstbestimmung, Volk Gottes zu sein. Noch deutlicher wird

---

[88] Vgl. dazu die Diskussion der "Modelle der Verhältnisbestimmung von Israel und Kirche, die auf die Eliminierung der Besonderheit Israels hinauslaufen" bei B. Klappert, Israel und die Kirche. Erwägungen zur Israellehre Karl Barth (Theologische Existenz heute 207), München 1980, S. 14ff.

dies in einer Theologie, in der Israel nur als Negativfolie für den christlichen Glauben erscheint, wie dies z.B. auch in der Theologie Rudolf Bultmanns der Fall ist. Veranschaulicht werden die Konsequenzen dieser Art der Verhältnisbestimmung von Judentum und Christentum durch den Satz des Rabbiners Robert Raphael Geis, der im Blick auf Adolf von Harnacks Darstellung des Judentums in seinem berühmten Buch über das „Wesen des Christentums" gesagt hat, daß „die einzige traurige Existenzberechtigung des Judentums darin lag, der düstere Hintergrund für die christliche Lichtfülle zu sein".[89]

Aus der Entdeckung, daß die christliche Theologie antijudaistisch geprägt war und das Judentums in seinem eigenen Selbstverständnis, seinem eigenen Recht und seiner Identität und Selbstdarstellung, ja seiner Integrität gar nicht wahrgenommen hat, erwuchs der Imperativ, „das theologische Verständnis und die kirchliche Haltung, die das Verhältnis der Christen zu den Juden jahrhundertelang geprägt haben, aufzuarbeiten und zu korrigieren." (Christen und Juden II, 2.1.2.). Daß gerade die Studie Christen und Juden II in dieser Hinsicht wichtiges sagt, ist ein ermutigendes Zeichen.

3. Entdeckung: Die bleibende Erwählung Israels

Die wichtigste und für alle weiteren Überlegungen wegweisende theologische Entdeckung war die der bleibenden Erwählung Israels.

Daß hier tatsächlich etwas grundsätzlich neues gewachsen ist, wird klar, wenn man sich noch einmal das Darmstädter Wort zur Judenfrage von 1948 vergegenwärtigt. Dort ist das Volk Israel ja noch als durch die Kirche enterbt und unter dem Gericht Gottes stehend dargestellt.

---

[89] Zitiert bei B. Klappert, Israel und die Kirche. Erwägungen zur Israellehre Karl Barths, S. 20.

Eine neue Orientierung in kirchlichen Stellungnahmen wurde eingeleitet durch das Wort der EKD-Synode in Berlin Weißensee von 1950, in dem es wegweisend heißt:

„Wir glauben, daß Gottes Verheißung über dem von ihm erwählten Volk Israel auch nach der Kreuzigung Jesu Christi in Kraft geblieben ist."

Das Wort „Verheißung", die „in Kraft geblieben ist", macht deutlich, wie vorsichtig hier noch geredet wird. Deutlicher wird erst die Resolution der AG Juden und Christen beim DEKT von Berlin 1961, die die Vorstellung einer Verwerfung Israels als falsch zurückweist:

„Gegenüber der falschen, in der Kirche jahrhundertelang verbreiteten Behauptung, Gott habe das Volk der Juden verstoßen, besinnen wir uns neu auf das Apostelwort: 'Gott hat sein Volk nicht verstoßen, das er zuvor ersehen hat' (Röm 11,2). Eine neue Begegnung mit dem von Gott erwählten Volk wird die Einsicht bestätigen oder neu erwecken, daß Juden und Christen gemeinsam aus der Treue Gottes leben, daß sie ihn preisen und ihm im Lichte der biblischen Hoffnung überall unter den Menschen dienen."

In diesem Zitat wird auch der Grund erkennbar, der die Kirche jetzt von der bleibenden Erwählung Israels sprechen läßt. Es ist ein neues Studium der Bibel, das jetzt den Weg weist zu neuen Entdeckungen über das Judentum. Durch die schon teilweise im NT beginnende antijudaistische Darstellung der Beziehung von Israel und Kirche - mit Verwerfungen auf beiden Seiten - waren die entscheidenden Kapitel aus dem Römerbrief, in dem Paulus über die Rolle Israels reflektiert - nämlich Röm 9-11 - in Vergessenheit geraten. Jetzt werden diese Kapitel zum Schlüssel für ein neues Nachdenken über das christlich-jüdische Verhältnis; die von Paulus gestellte und von ihm selbst verneinte Frage: „Hat denn Gott sein Volk verstoßen?" wird aufgenommen und ins

Zentrum der Israeltheologie gestellt. Eine umfangreiche Literatur zur Auslegung von Röm 9-11 ist seitdem erschienen[90]; und die Studie „Christen und Juden II" (vgl. 3.4.4.) sollte daran anknüpfend ausführlich begründen, warum Röm 9-11 als Ausgangspunkt für angemessene Anschauung über Israel genommen werden sollte.

Auch die EKD-Studie von 1975 beruft sich auf Röm 9-11 und stellt fest:

„Paulus bestätigt den Juden, daß sie das Volk Gottes sind und bleiben (Röm 11,2)."

Freilich begegnet uns in der Studie eine gewisse Unschärfe. Der eben zitierte Satz mit dem Paulus-Zitat steht in dem Abschnitt: „Das Volk Gottes", der das jeweilige Selbstverständnis von Juden und Christen, Volk Gottes zu sein, thematisiert. Wenn es dort in der einleitenden These heißt: „Juden und Christen verstehen sich beide als Volk Gottes", so wird hier zwar das Selbstverständnis des jüdischen Volkes gewürdigt. Es wird aber nicht wirklich beachtet, daß der Satz des Paulus ja auch ein christlicher Satz über das Judentum ist. Wenn Paulus als christlicher Theologe diese Aussage macht, bedeutet dies, daß nicht nur Juden das Selbstverständnis haben, Volk Gottes zu sein; auch Christen - oder jedenfalls Paulus - bekennen, daß Gott Israel nicht verstoßen hat und die Erwählung folglich gültig bleibt.

Einen Schritt weiter in dieser Richtung geht der Synodalbeschluß der Rheinischen Landeskirche von 1980, der bekenntnishaft die bleibende Erwählung Israels als einen Glaubensartikel der Kirche formuliert:

---

[90] Hingewiesen sei hier nur auf Peter von der Osten-Sacken, Grundzüge einer Theologie im christlich-jüdischen Gespräch (Abhandlungen zum christlich-jüdischen Dialog Bd. 12), München 1982, zu Röm 9-11 bes. S. 39ff.; L. Steiger, Schutzrede für Israel. Röm 9-11, in: Fides pro Mundi. FS für Hans-Werner Gensichen, hrsg. von Th. Sundermeier u.a., Gütersloh 1980, S. 44-58.

„Wir glauben die bleibende Erwählung des jüdischen Volkes als Volk Gottes."

Indem hier bewußt nicht von der Erwählung „Israels", sondern von der bleibenden Erwählung „des jüdischen Volkes" gesprochen wird, wird zudem die Kontinuität des biblischen Israel mit dem heute real existierenden Judentum - in Israel und in der Diaspora - sichergestellt und die Christenheit in ein positives Verhältnis zu den Juden heute verwiesen.

Die Studie „Christen und Juden II" von 1991 faßt den Konsens zusammen, der sich in der evangelischen Kirche, soweit er in kirchlichen Erklärungen vorliegt, herausgebildet hat:

„Eine Auffassung, nach der der Bund Gottes mit dem Volk Israel gekündigt und die Juden von Gott verworfen seien, wird nirgends mehr vertreten. Die Erwählung des jüdischen Volkes bleibt bestehen, sie wird durch die Erwählung der Kirche aus Juden und Heiden nicht aufgehoben oder ersetzt." (2.3.)

Ein noch weitergehender Schritt in der kirchlichen Anerkennung der bleibenden Erwählung Israels haben einige evangelische Kirchen vollzogen, indem sie das Bekenntnis zur bleibenden Erwählung Israels in die Kirchenverfassung aufgenommen haben. Zu nennen ist an dieser Stelle vor allem die Evangelisch-Reformierte Kirche, die am 9. Juni 1988 eine Ergänzung der Kirchenverfassung beschloß und gleich in § 1 Absatz 2 der Kirchenverfassung feststellt:

„Gott hat Israel zu seinem Volk erwählt und nie verworfen. Er hat in Jesus Christus die Kirche in seinen Bund hineingenommen.Deshalb gehört zum Wesen und Auftrag der Kirche, Begegnung und Versöhnung mit dem Volk Israel zu suchen."[91]

---

[91] Zitiert aus: Israel: Volk - Land - Staat, hrsg. von der Evangelisch-Reformierten Kirche (Synode ev.-ref. Kirchen in Bayern und Nordwestdeutschland, Saarstraße 6, 2950 Leer, 1993, S. 34. Unter den "Aufgaben für die Synode" (§ 56) wird

Die Rheinische Landeskirche hat im Januar 1996 einen ähnlichen Schritt getan, als sie den Grundartikel der Kirchenordnung der Landeskirche durch folgenden Zusatz ergänzte:

„Sie (sc. die Landeskirche) bezeugt die Treue Gottes, der an der Erwählung seines Volkes Israel festhält. Mit Israel hofft sie auf einen neuen Himmel und eine neue Erde."

Durch die Verankerung im Grundartikel der Kirchenordnung hat der Glaube an die bleibende Erwählung Israels eine außerordentliche Verbindlichkeit erreicht.

4. Entdeckung: Gemeinsames, nicht Trennendes

An den Anfängen des christlich-jüdischen Verhältnisses steht fraglos ein wechselseitiges Nein. Es läßt sich - nach einer Formulierung von Peter von der Osten-Sacken - vielleicht so bündeln: „Während es auf jüdischer Seite in Richtung Kirche heißt: `Ihr seid noch nicht die, die ihr zu sein behauptet´, nämlich die messianische Gemeinde, heißt es auf christlicher Seite in

---

auch gesagt: "Aufgabe der Synode ist es,... 8. im Synodalverband das Gespräch mit Juden zu suchen und die Solidarität mit der jüdischen Gemeinschaft zu fördern"; unter den "Aufgaben der Gesamtsynode" (§ 69) wird unter Ziffer 9 gesagt, daß es zu den Aufgaben gehöre, "das Gespräch mit Juden zu suchen und die Solidarität mit der jüdischen Gemeinschaft zu fördern und dem Antijudaismus zu widersprechen". Zur Haltung der Ev.-Reformierten Kirche vgl. im übrigen das genannte Heft insgesamt wie auch die vom Reformierten Bund verantworteten "Leitsätze in der Begegnung von Juden und Christen" aus dem Jahre 1990. Auch die auf der Gesamtsynode der Ev.-Reformierten Kirche am 26. April 1996 verabschiedete Erklärung zu "Mission - Ökumene - Partnerschaft" enthält eine Stellungnahme zum jüdisch-christlichen Verhältnis: "In der Souveränität seiner Mission hat Gott Israel erwählt, und durch Israel sollen 'alle Völker auf Erden gesegnet werden' (1. Mose 26,4)." Und: "Israel bleibt für die Kirche Zeuge Gottes. Deshalb gehört zur ökumenischen Existenz der Kirche Christi die Beachtung des einzigartigen Verhältnisses zu Israel."-

Richtung Synagoge: 'Ihr seid nicht mehr die, die ihr zu sein meint', nämlich das auserwählte Volk Gottes."[92]

Als die Christen die Mehrheit bildeten, waren sie von einem „ausgeprägten Abgrenzungsstreben" gegenüber dem Judentum bestimmt, bis hin zu den späteren Judenverfolgungen und Ausrottungsversuchen.

Die Situation nach dem Ende des Dritten Reiches zeigt nun, trotz Auschwitz, ein Aufeinanderzugehen von Christen und Juden, eine Entdeckung von Gemeinsamkeiten, von Verbindendem, das jetzt in den Vordergrund gerückt wurde.

Der wichtigste Impuls für die theologische Entdeckung von Gemeinsamkeiten kam wieder aus der AG Juden und Christen beim DEKT, in der von Anfang an die Begegnung und Zusammenarbeit mit Juden gesucht und - in Personen wie Rabbiner Robert Raphael Geis aus Düsseldorf, Eva Reichmann aus London, Ludwig Ehrlich aus Zürich, Shalom Ben Chorin aus Jerusalem - gefunden wurde. Gerade aus dieser Zusammenarbeit wuchs, wie D. Goldschmidt berichtete, die „Erkenntnis der gemeinsamen Zugehörigkeit zu einem einzigen, wenn auch gespaltenen Gottesvolk..., das um sein Miteinander ringt."[93]

Die Betonung der Gemeinsamkeit prägt auch die EKD-Studie „Christen und Juden" von 1975. Die „Grundentscheidung" der Kommission war, „mit dem zu beginnen, was Juden und Christen miteinander verbindet, und nicht mit dem, was sie voneinander trennt." Deshalb wurden im ersten Teil der Studie unter der Überschrift: „Gemeinsame Wurzeln" und unter dem Motto von Röm. 11,18 („Du sollst wissen, daß nicht du die Wurzel trägst, sondern die Wurzel trägt dich") sechs Stichworte genannt, die Christen und Juden Verbindendes festhalten:

---

[92] P. von der Osten-Sacken, Christliche Theologie nach Auschwitz, a.a.O., S. 24.
[93] D. Goldschmidt, a.a.O., S. 13.

1) Der eine Gott, zu dem Juden und Christen sich bekennen;

2) die Heilige Schrift, auf die Juden und Christen sich gemeinsam beziehen;

3) das Verständnis beider Gemeinschaften, Volk Gottes zu sein;

4) Gemeinsamkeiten im Gottesdienst,

5) die Orientierung von Glauben und Handeln an Gerechtigkeit und Liebe, sowie

6) die Überzeung, „auch in der Trennung aus der gemeinsamen Geschichte Gottes mit seinem Volk" zu leben, „deren Vollendung sie (sc. Juden und Christen) erwarten."

Erst nachdem diese Gemeinsamkeiten festgestellt sind, wird in geschichtlicher Perspektive in einem zweiten Teil über „Das Auseinandergehen der Wege" gesprochen.

Die Entdeckung des Gemeinsamen, das Miteinander von Juden und Christen, die Entdeckung der jüdischen Wurzeln - die „unlösbare Verbindung des christlichen Glaubens mit dem Judentum", wie „Christen und Juden II" sagt (2.2.) - bedeutet für Christen eine Bereicherung, die nicht hoch genug veranschlagt werden kann - aber wohl bisher nur zu selten genutzt wird.

Das christlich-jüdische Gespräch bedeutet aber auch eine Anforderung an die Christen, ihre Theologie, ihre Predigt und Lehre immer im Angesicht Israels zu tun und den jüdischen Gesprächspartner immer dabei zu denken. Reden und Handeln darf dann nicht Israel herabwürdigen und verachten, sondern muß eigenes Tun immer vor dem realen oder potenzialen jüdischen Gesprächspartner verantworten.[94]

---

[94] Vgl. dazu etwa die Ausführungen in Christen und Juden II zu "Predigen in Israels Gegenwart" (3.5.3.) und "Unterrichten in Israels Gegenwart" (3.5.4.).

Mit anderen Worten: Durch die bleibende Erwählung Israels und durch das Miteinander mit Israel/Judentum, aber auch schon durch die Schuld und die antijudaistische Grundstruktur der klassischen christlichen Theologie entsteht die Verpflichtung, das Selbstverständnis der Kirche - d.h. ihren Glauben an Jesus Christus und ihr Verständnis als Gemeinde Jesu Christi - nicht so zu explizieren, daß dadurch das jüdische Selbstverständnis diskreditiert oder negiert wird.

5. Entdeckung: Christliche Theologie vor neuen Fragen

Deutlich ist bisher geworden, daß christliche Theologie nicht einfach so weiter betrieben werden darf wie früher. „Auschwitz als theologischer Wendepunkt" war die programmatische Sicht, die die rheinische Synodalerklärung prägte, die zugleich aber auch kritisch beurteilt wurde.

Ohne hier weiter auf die Frage nach einer theologischen Auseinandersetzung mit dem Holocaust selbst - einer „Theologie nach Auschwitz" - eingehen zu können[95], stellt sich doch die Frage, wie die theologische Selbstexplikation der Kirche sich heute darstellen sollte. Dabei hat man manchmal den Eindruck, daß die Fragen, die man entdeckt hat, (noch) größer sind als die

---

[95] Diese Aufgabe ist in Deutschland bisher kaum aufgenommen; die christliche und jüdische Auseinandersetzung, die vor allem in den USA intensiv geführt wurde, hat bei uns wenig Beachtung gefunden. Vgl. zuletzt die wichtige und im Blick auf die deutsche Diskussion kritische Darstellung von Chr. Münz, Der Welt ein Gedächtnis geben. Geschichtstheologisches Denken im Judentum nach Auschwitz, Gütersloh 1995; weiter: G. B. Ginzel (Hg.), Auschwitz als Herausforderung für Juden und Christen, Heidelberg 1980; M. Brocke/H. Jochum, Wolkensäule und Feuerschein. Jüdische Theologie des Holocaust (Abhandlungen zum Christlich-Jüdischen Dialog Bd. 13) München 1982; Albert H. Friedländer, Das Ende der Nacht: Jüdische und christliche Denker nach dem Holocaust, Gütersloh 1995; P. von der Osten-Sacken, Christliche Theologie nach Auschwitz, a.a.O.

Antworten, die man schon - jedenfalls mit einem gewissen Konsens - geben kann.

Die wesentlichen offenen Fragen, mit denen sich die christliche Theologie im Blick auf das Judentum heute weiter auseinandersetzen muß - was freilich nicht in genügendem Umfang geschieht -, konzentrieren sich auf das Verständnis der Rolle Jesu Christi für die Erlösung der Völker und in seiner Beziehung zum Judentum und auch das Verständnis der Kirche neben dem Judentum. In theologischer Sprache formuliert: Es sind Fragen der Ekklesiologie, der Lehre von der Kirche, und der Christologie, des Verständnisses der Person und der Rolle Jesu Christi, die jetzt neu zu durchdenken sind. Und es ist schließlich die Frage der Mission, in der ja die Ekklesiologie und Christologie noch einmal durchbuchstabiert und sozusagen konkretisiert und zugespitzt werden: Gibt es ein Zeugnis von Christus gegenüber dem Judentum, ein Anreden des Judentums auf Christus hin, eine Einladung an Juden, Jesus von Nazareth als ihren Messias zu akzeptieren?[96]

Es ist deutlich, daß hier nicht theologische Randprobleme, sondern Grundfragen des christlichen Glaubens zur Debatte stehen. Es ist die Identität des christlichen Glaubens, die hier thematisiert wird. Deshalb ist es auch nicht verwunderlich, daß über diese Fragen kontrovers diskutiert und gerungen wird und wir von einem Konsens noch weit entfernt sind.

Ich will hier nur ganz kurz die Frage nach dem Verhältnis von Judentum und Kirche und die Rolle Jesu Christi anreißen, ohne die Problemstellungen wirklich entfalten zu können. Das Thema der Mission wird dann in einem eigenen Punkt behandelt werden.

---

[96] Auch "Christen und Juden II" nennt die Christologie, Ekklesiologie und die Frage von Mission und Dialog als diejenigen Fragen, an denen weiter zu arbeiten sein wird (vgl. Ziffer 3).

Die ersten tastenden Versuche, diese Fragen aufzunehmen, sind wieder in der AG Christen und Juden unternommen worden. Zu Anfang der 60er Jahre war hier die These vom „ungekündigten Bund" als Ausgangspunkt einer Verhältnisbestimmung von Israel und Kirche genommen worden:

„Theologische Erkenntnis war, daß Gott einen ewigen Bund mit Israel geschlossen hat, der... auf die Heiden ausgeweitet worden ist."

Man könnte diese Vorstellung von der Ausweitung des einen Bundes als „Entschränkungsmodell" bezeichnen. Es findet sich auch in der Studie von 1975. Leitbegriff ist dort allerdings nicht der des Bundes, sondern der Begriff „Volk Gottes". Der Begriff „Volk Gottes" wurde hier zum einen als Bezeichnung für das jüdische Volk gebraucht, zum anderen aber ausgeweitet auf die Kirche aus den Heiden:

„Die Aufnahme in die Gemeinde durch die Taufe wurde als Aufnahme in das Volk Gottes verstanden." (II.3).

Oder:

„In der christlichen Verkündigung werden die Schranken der Zugehörigkeit zu einem bestimmten Volk aufgehoben; alle, die an Jesus Christus glauben, sind Abrahams Kinder und Erben der Verheißung, die dem Volk Israel gegeben ist. So entsteht nun die Kirche als Volk Gottes aus Juden und Heiden." (I.3).

Dieses Entschränkungsmodell ist unbefriedigend. Und zwar zum einen, weil hier sozusagen zwei unterschiedliche Begriffe von „Volk Gottes" vorliegen, die in Konkurrenz zueinander stehen - Israel und Kirche. Zum anderen wird durch die Aufhebung der „Schranken" gerade die Besonderheit Israels aufgehoben. Israel ist nicht mehr präsent als das Volk Gottes, das eine ganz eigene Geschichte mit Gott hat und sich anders versteht als das Volk Gottes aus Juden und Heiden. Zum anderen könnte man auch umgekehrt formulieren: Die Entschränkung bedeutet eine Verallgemeinerung. Wenn nämlich das Besondere des NT die Entschränkung ist, dann ist das Besondere des Judentums die Beschränkung. Das Judentum erscheint als partikulare Religion, während das Christentum die universale Überbietung darstellt.

Ebenfalls in der AG Christen und Juden wurde ein anderes Modell entwickelt. Hier orientierte man sich am Begriff des „Volkes Gottes" und kam zu der Überzeugung, daß dieser Ehrentitel Israel belassen werden müsse, gleichzeitig aber auch die Kirche - aus Juden und Heiden - „Volk Gottes" genannt werden könne. Konsequenterweise sprach man vom „gespaltenen Gottesvolk". Israel und Kirche sind hier komplementäre Größen; sie sind aufeinander gewiesen, gehören zusammen, aber leben sozusagen in einem Schisma.

Eine klarere Bestimmung bietet wiederum die Rheinische Synode, die den Begriff „Volk Gottes" ausschließlich für das Judentum reserviert und „die Völker der Welt" davon abhebt:

„Wir bekennen uns zu Jesus Christus, dem Juden, der als Messias Israels der Retter der Welt ist und die Völker der Welt mit dem Volk Gottes verbindet."

Wahrscheinlich ist dieser Satz die dichteste Formulierung in der gesamten Synodalerklärung. Vertreten wird hier nicht das Modell einer Ausweitung oder Entschränkung, erst recht nicht das Modell einer Überbietung oder Ablösung Israels als Volk Gottes. Vielmehr werden „die Völker der Welt" durch Jesus Christus mit dem einen Volk Gottes verbunden. Durch Christus partizipieren die Völker an der Existenz und Geschichte des einen Volkes Gottes. Man hat es deshalb auch das Partizipationsmodell genannt.[97]

---

[97] Zur Entfaltung der in dem Synodalbeschluß angedeuteten Christologie vgl. B. Klappert, Jesus Christus zwischen Juden und Christen, in: ders./H. Starck,

Während dieser Bekenntnissatz vor allem sagt, wie die Völkerwelt mit dem Gottesvolk verbunden ist - nämlich durch das Werk Jesu Christi - erläutert der anschließende Glaubenssatz die Beziehung von an Christus glaubender Völkerwelt - der Kirche - mit dem Gottesvolk. Dies geschieht, indem der Begriff „Bund" noch einmal von der Bezeichnung „Gottesvolk" abgehoben wird:

„Wir glauben die bleibende Erwählung des jüdischen Volks als Gottes Volk und erkennen, daß die Kirche durch Jesus Christus in den Bund Gottes mit seinem Volk hineingenommen ist." (4.4)

Die Rheinische Synodalerklärung versucht in der Tat, das jüdische Selbstverständnis zu respektieren. Dies ist auch von jüdischen Teilnehmern an der Synode ausdrücklich bestätigt worden. Zugleich wird aber an der christologischen Aussage, daß Jesus der „Messias Israels" sei, doch von jüdischer Seite auch Kritik angemeldet: Die Christen, so sagt Pinchas Lapide, können nicht für die Juden entscheiden, wer Jesus Christus für sie sein soll.[98] Allenfalls könne Jesus als „Messias aus Israel", aber nicht als „Messias für Israel" verstanden werden.

Deutlich wird hier noch einmal, daß die Formulierung einer das Judentum in seinem Selbstverständnis respektierenden Christologie und Ekklesiologie nicht ganz leicht ist.[99] Ob die Forderung

---

Umkehr und Erneuerung, a.a.O., S. 138-166, bes. S. 158ff. Vgl. die Diskussion des sog. Partizipationsmodells auch im Zusammenhang mit anderen Modellen bei B. Klappert, Israel und Kirche, a.a.O.

[98] Vgl. P. Lapide, Der Messias Israels?, in: B. Klappert/H. Starck, Umkehr und Erneuerung, a.a.O., S. 236-246, S. 241f.: "Was die Aussage betrifft, Jesus sei der Messias Israels, muß hier mit Deutlichkeit gesagt werden: In der Religionsgeschichte der Menschheit gibt es kein Beispiel dafür, daß eine Glaubensgemeinschaft einer anderen vorzuschreiben versucht, welche Rolle eine Person - und sei sie auch ein Heilsbringer - in der Heilsgeschichte der letzteren zu spielen habe ... Jesus war *nicht* der Messias Israels und ist dennoch zum Heidenheiland geworden."

[99] Als Beispiele für die jüngere Diskussion um diese Fragen sei auf die Beiträge in den Jahrgängen 51 (1991) und 52 (1992) der Zeitschrift "Evangelische Theo-

nach einem „theologischen Besitzverzicht" der Christen - gerade auch im Blick auf die Christologie - aber der richtige Ansatz ist[100], muß bezweifelt werden. Angemessener wäre hier herauszuarbeiten, daß Jesus Christus Juden und Christen sowohl trennt und verbindet und diese Dialektik mit Respekt für die Bekenntnisaussagen der je anderen Seite ausgehalten werden muß.[101]

6. Entdeckung: Die Problematik der sog. Judenmission

Das kontroverse Thema der sogenannten Judenmission - ich benutze die Formulierung „sogenannte Judenmission", weil der Begriff „Judenmission" problematisch und mißverständlich ist[102] - ist bis jetzt ganz bewußt noch nicht angesprochen worden. Eine Auseinandersetzung mit der „Judenmission" war ja nicht die Themenstellung. Und wenn man von der Evangelischen Kirche und dem Judentum seit 1945 spricht, sollte und dürfte man auch nicht zuerst von Judenmission reden.

Dennoch hat die Frage nach der sog. Judenmission den im Gespräch mit Israel geführten Selbstklärungsprozeß in der Evangelischen Kirche seit 1945 immer begleitet.

---

logie" zur Frage der christlichen Identität im jüdisch-christlichen Gespräch und im Jahrgang 55 (Heft 1, Januar 1995) zur Frage der Christologie im jüdisch-christlichen Gespräch hingewiesen.

[100] Zur Rede vom "theologischen Besitzverzicht" vgl. z.B. das Nachwort von P. von der Osten-Sacken zum Buch von Rosemary Ruether, a.a.O., S. 244: "Von der Notwendigkeit christlichen Besitzverzichts". Für R. Ruether ist der christliche Antijudaismus nur "die linke Hand der Christologie".

[101] Vgl. dazu den m.E. ausgezeichneten Beitrag von H. Dembowski, Jesus Christus verbindet und trennt, in: E. Brocke/J. Seim, Gottes Augapfel, a.a.O., S. 25-45.

[102] Zum Thema Judenmission vgl. G. Aring, Artikel: Judenmission, Theologische Realenzyklopädie (TRE), Bd. XVII, 1988, S. 325-330 mit weiterer Literatur. Zum Überblick über die jüngere Diskussion seit 1945 vgl. K. Schäfer, a.a.O.

Wenn in den Jahren nach 1945 überhaupt das Verhältnis zum Judentum thematisiert worden ist, geschah es i.d.R. in einer judenmissionarischen Perspektive. Erst als gegen Ende der 50er Jahre die Begegnung mit dem Judentum intensiver wurde, entzündete sich eine heftige Debatte um das Thema der Judenmission. Die Kontroverse um die Judenmission läßt sich an allen Wegstationen des kirchlichen Neuorientierungsprozesses, der oben skizziert ist, beobachten.

Beispielhaft sei auf einige Wegmarken noch einmal hingewiesen.

In der Arbeitsgemeinschaft Christen und Juden beim Kirchentag kam es 1963/64 zu einer scharfen Auseinandersetzung - dem sog. „Purim-Streit" - der vor allem von Seiten des jüdischen Rabbiners Robert Raphael Geis geführt worden ist und zu einer grundsätzlichen Absage der Arbeitsgemeinschaft an die sog. Judenmission führte.

Anlaß dieser Kontroverse war, wie Helmut Gollwitzer formulierte, die „Kritik von Judenmissionaren an der neuen AG Juden und Christen". Diese Kritik kam vor allem aus den Kreisen des Ev.-Luth. Zentralvereins für Mission unter Israel, aber auch von kirchenleitenden Personen. In einer „Handreichung des Evangeliumsdienstes unter Israel durch die evangelisch-lutherische Kirche" wurde die Kritik mit negativen Urteilen über den jüdischen Glauben verbunden und irgendein positiver Zusammenhang von Judentum und Christentum bestritten. Der Hamburger Oberkirchenrat Paul Reinhardt schrieb in einem Aufsatz, er vermisse in der Arbeitsgruppe die „Sorge um das Heil Israels, die den Apostel Paulus umtrieb, und die uns als Kirche Jesu Christi in unserer Verantwortung für Israel umtreiben muß".[103]

---

[103] Zitiert nach H. Gollwitzer, in: Leiden an der Unerlöstheit der Welt. Robert Raphael Geis 1906-1972. Briefe, Reden, Aufsätze, hrsg. von D. Goldschmidt, S. 229; der gesamte sog. "Purim-Streit" ist in diesem Band dokumentiert S.225-275.

Ein bitterer Streit innerhalb der Arbeitsgruppe entbrannte, als von einigen christlichen Mitgliedern der AG geplant wurde, Vertreter dieser judenmissionarischen Position zur nächsten Tagung der Arbeitsgruppe im Januar 1964 einzuladen. Der erbitterte Widerstand dagegen kam von Geis, der sich von der Arbeitsgruppe zurückziehen und auch mit Gollwitzer und anderen nichts mehr zu tun haben wollte. Öffentlich gemacht hatte Geis seine Position in einem Artikel in der „Jüdischen Allgemeinen Wochenzeit" vom 8. März 1964. Der Titel des Aufsatzes war: „Judenmission. Eine Purimbetrachtung zur 'Woche der Brüderlichkeit'". Geis äußert sich hier nicht nur sarkastisch-kritisch gegenüber den Judenmissionaren, sondern greift auch Vertreter der Arbeitsgruppe - gemeint ist Helmut Gollwitzer, den er nicht namentlich nennt - an. Das Paktieren mit den Judenmissionaren wird mit Enttäuschung und als Vertrauensbruch aufgenommen; weitere Zusammenarbeit scheint so nicht möglich zu sein. „Alles Verheißungsvolle würde verspielt, wenn Christen an dem Prinzip der Judenmission festhalten und Juden in sehr begreiflicher Reaktion einem ehrlichen christlich-jüdischen Gespräch sich versagen. Man kann dem Judentum seinen Zeugnischarakter ebensowenig bestreiten wie dem Christentum, es ist genug des Spiels, da man Juden umwirbt, bezirzt, als Aushängeschild mißbraucht - und letztlich nicht ernst nimmt."[104]

Der Streit wurde außerordentlich bitter geführt, schließlich aber beigelegt. Versöhnung innerhalb der Arbeitsgruppe schloß ein, daß die AG keine Verbindung mit Judenmission habe, doch Einwände gegen Gespräche Einzelner auch nicht erhoben werden sollten.[105]

Dietrich Goldschmidt faßt die in der AG herrschende Überzeugung in seinem Rückblick auf die Arbeit von 20 Jahren so zusam-

---

[104] R. R. Geis, ebd., S. 247; der Artikel findet sich S. 242-247.
[105] Vgl. die abschließende Zusammenfassung von H. Gollwitzer, a.a.O., S. 268ff.

men: „Unsere Ökumenische Gemeinschaft würde zerstört, sollte jemand versuchen, sie zu einem Missionsunternehmen umzufunktionieren. Wir 'missionieren' einander nicht."[106]

Auch in der Arbeit der EKD-Kommission, die zur Studie von 1975 führte, war die Verständigung zum Thema „Judenmission" der eigentliche Konfliktpunkt. Im Rückblick auf die Arbeit schreibt Rolf Rendtorff: „Die Frage der 'Judenmission' blieb der einzige Punkt, in dem es auch nach langen Diskussionen nicht möglich war, innerhalb der Kommission einen gemeinsamen Standpunkt zu formulieren."[107] Gegenüber standen sich hier die in der Tradition des Zentralvereins für Mission unter Israel stehende Position, die die Judenmission als eine ausdrückliche, institutionell verfaßte Aufgabe betrachtete, und die andere, in den Diskussionen der AG beim Kirchentag entwickelten Position, die eine grundsätzliche Absage an Judenmission in jeder Form unter sich als Konsens ansah.

Die Endfassung der Studie, die der Rat der Evangelischen Kirche in Deutschland akzeptierte, hält die Frage der sog. „Judenmission" offen, indem er von „Mission" und „Dialog" „als zwei Dimensionen des einen christlichen Zeugnisses" spricht.[108]

Die Rheinische Synodalerklärung macht einen grundsätzlichen Unterschied zwischen der „Mission (der Kirche) an die Völker-

---

[106] D. Goldschmidt, a.a.O., S. 13. - Thematisiert wurde die Judenmission auch noch einmal auf dem Hamburger Kirchentag 1981; vgl. dazu die Dokumente in epd Dokumentation Nr. 31/81.
[107] R. Rendtorff, Hat denn Gott sein Volk verstoßen?, a.a.O., S. 64.
[108] Ein erster Entwurf, der dem Rat der EKD vorgelegt wurde, hat die zwei von der Kommission ausdrücklich gebilligten Positionen einander gegenübergestellt. Nach R. Rendtorff (Hat denn Gott sein Volk verstoßen?, a.a.O., S. 64f.) konnte der Rat diesen Text nicht akzeptieren: "Es erschien einigen Mitgliedern des Rates undenkbar, daß in einem vom Rat gebilligten Text ein Verzicht auf Judenmission auch nur als Möglichkeit genannt werden könnte" (mit Hinweis auf H. Kremers).

welt" und dem „Zeugnis dem jüdischen Volk gegenüber". Sie erklärt:

„Wir glauben, daß Juden und Christen je in ihrer Berufung Zeugen Gottes vor der Welt und voreinander sind; darum sind wir überzeugt, daß die Kirche ihr Zeugnis dem jüdischen Volk gegenüber nicht wie ihre Mission an die Völkerwelt wahrnehmen kann."

Die Verfasser der Synodalerklärung haben diese Formulierung als eine Absage an die „Judenmission" verstanden[109], andere freilich haben diese Konsequenz nicht ziehen wollen bzw. haben die Synodalerklärung hier judenmissionarisch interpretiert oder aber kritisiert.[110]

Zu einer Neuorientierung im Blick auf die Frage der sog. Judenmission ist es Ende der 80er Jahre auch innerhalb des Ev.-Luth. Zentralvereins gekommen, der seinen Namen 1985 von „Zentralverein für Mission unter Israel" in „Zentralverein für Zeugnis und Dienst unter Juden und Christen" änderte. Im Positionspapier des Vereins von 1991 wird dann ein deutliches „Nein" zur Judenmission ausgesprochen: „Unter 'Judenmission' werden ... alle Aktivitäten von Kirchen, kirchlichen Organisationen und einzelnen verstanden, die unter Mißachtung des jüdischen Glaubens- und Lebensweges das Ziel haben, Juden zu Christen zu machen. Dazu sagen wir 'Nein' und lehnen solche Aktivitäten ohne Einschränkungen ab."[111]

In den letzten Jahren hat es erneut Auseinandersetzungen um die sog. Judenmission gegeben. Anlaß war die Initiative des Evan-

---

[109] Vgl. dazu etwa H. Starck, Der Weg des Ausschusses, in: B. Klappert/H. Starck, Umkehr und Erneuerung, S. 12-22, S. 14f.; G. Aring, Absage an die Judenmission, ebd., S. 207-214.
[110] Für einen knappen Überblick vgl. K. Schäfer, a.a.O., S. 12ff.
[111] Abgedruckt in der Zeitschrift des Zentralvereins: friede über israel. zeitschrift für kirche und judentum, 4/91, S. 165-172.

geliumsdienstes für Israel (EDI) aus Echterdingen-Leinfelden, Missionsarbeit unter nach Deutschland kommenden jüdischen Emigranten aufzunehmen. Die Allgemeine Jüdische Wochenzeitung wandte sich mit einem Artikel: „Nepper, Schlepper, Missionare. 'Judenbekehrer' nehmen GUS-Zuwanderer ins Visier" gegen diese Aktivitäten und Landesrabbiner Joel Berger stellte den christlich-jüdischen Dialog überhaupt in Frage.

Die Kontroverse über diese Aktivitäten können hier nicht im einzelnen geschildert werden.[112] Wichtig für uns ist aber zu notieren, daß in diesem Zusammenhang von den Kirchen eine grundsätzliche „Absage an die Judenmission" gefordert wurde. Repräsentativ für viele andere Stimmen war die Stellungnahme der Gesellschaft für Christlich-Jüdische Zusammenarbeit in Hamburg vom 20. Februar 1995, die dies durch Gremien und Vertreter der offiziellen Kirche fordert:

„Judenmission, also das methodische, organisierte und absichtsvolle Bemühen der Christen, Juden von der jüdischen Religion abzubringen, soll nicht sein."[113]

Allerdings ist festzustellen, daß es in der evangelischen Kirche keinen Konsens über das Thema der sog. Judenmission gibt. Während manche Theologen und kirchliche Erklärungen betonen, daß die Kirche das Evangelium auch gegenüber den Juden verkündigen und sie zum Glauben an Christus eingeladen werden sollen, suchen andere das Verhältnis zum Judentum theologisch anders zu bestimmen. Karl Barth etwa sieht die Beziehung von Christen und Juden eher als ein Problem der Ökumene denn der

---

[112] Vgl. dazu K. Schäfer, a.a.O., S. 3ff.
[113] Abgedruckt in der Nordelbischen Kirchenzeitung vom 7.4.95 unter der Überschrift: "Wann sprechen die Kirchen endlich ein klares Nein zur Judenmission?"

Mission.[114] Andere betonen, daß die angemessene Umschreibung der Beziehung von Christen und Juden der Dialog, nicht aber die Mission ist[115] Die Rheinische Synodalerklärung unterscheidet, wie gesehen, zwischen „Mission" und „Zeugnis" und auch andere halten am Zeugnis der Christen gegenüber den Juden fest; als Beispiel sei hier nur eine Formulierung von Jürgen Moltmann erinnert, die er 1980 in der Reformierten Gemeinde in Hamburg machte: „Ich werde keinen Juden 'missionieren', aber ich kann es nicht ändern, ihm gegenüber als Christ und also als Zeuge Christi zu erscheinen, um mit ihm gemeinsam Die Schrift zu lesen und zu versuchen, sie zu verstehen."[116] Wiederum andere stellen den Begriff „Solidarität" in den Vordergrund und sehen in der Solidarität gegenüber dem jüdischen Volk und Land die eigentliche Mission der Kirche gegenüber Israel.[117]

---

[114] Vgl. sein bekanntes Votum aus der Kirchlichen Dogmatik Bd. IV/3, Zürich 1959, S. 1007: "Auch die ökumenische Bewegung von heute leidet schwerer unter der Abwesenheit Israels, als unter der Roms und Moskaus! Die Kirche muß mit der Synagoge leben: nicht, wie die Toren in ihrem Herzen sagen, als mit einer andern Religion oder Konfession, sondern als mit der Wurzel, aus der sie selbst hervorgegangen ist." (Damals war die Russisch-Orthodoxe Kirche noch nicht Mitglied im Ökumenischen Rat der Kirchen). - Die "Thesen zur Erneuerung des Verhältnisses von Christen und Juden", die die Rheinische Landessynode 1980 entgegengenommen hat, sprechen von "demütiger, dankbarer und hoffnungsvoller Ökumenizität mit Israel" (vgl. "VI. Zur Frage der Judenmission"), doch ist diese Formulierung nicht in den Synodalbeschluß eingegangen.

[115] Vgl. dazu die Studie von W. Schweikhart, Zwischen Dialog und Mission, Berlin 1980

[116] P. Lapide/J. Moltmann, Israel und Kirche: ein gemeinsamer Weg? Ein Gespräch, Kaiser Traktate, München 1980, S. 101. Das Buch enthält im übrigen interessante Passagen zum Thema "Judenmission"; vgl. S. 91ff.

[117] Vgl. J. Beckmann, damals Präses der Rheinischen Landeskirche, in der Handreichung für die Synodalen: "Einerseits keine missionarischen Aktivitäten, auf der anderen Seite wahre Solidarität! Das wichtigste Christuszeugnis, das die Christenheit in echtem Verständnis ihrer Sendung gegenüber Israel hätte, wäre das einer bedingungslosen Solidarität, einer Solidarität, um die in allen Bereichen

Wie sich die Situation mir selbst darstellt, will ich abschließend zu diesem Themenkomplex wenigstens kurz zu umreißen versuchen.

Zum einen scheint es gute Gründe zu geben, tatsächlich so etwas wie eine „Absage an die Judenmission" zu formulieren - auch wenn man sich dabei darüber klar sein muß, was man hier eigentlich zurückweist. Zu diesen Gründen gehört gewiß, daß die jüdisch-christliche Beziehung eher eine Verfehlungs- statt eine Begegnungsgeschichte gewesen ist und Juden in Gestalt von Zwangsbekehrungen, Pogromen, Sozialdruck, Assimilierungsangeboten usw. unter Druck gesetzt worden sind; dazu gehört auch, daß Judenmission sehr oft mit einem Negativbild des Judentums - das Judentum als „verworfenes Volk" etc. - begründet worden ist. Scham der Christen über die Schuld an den Juden mag hier ebenso genannt werden wie die Tatsache, daß Juden in der sog. Judenmission einen radikalen Angriff auf ihre jüdische Identität sehen und den Dialog mit einer Kirche, die Judenmission treibt, für unmöglich hält[118]. Angeführt werden mag auch, daß der sog. „Missionsbefehl" in Mt. 28,18-20 die Jünger Jesu an die „Völker", nicht aber die „Juden" weist, obwohl der sog. Missionsbefehl nicht die einzige Begründung für die Mission der Kirche ist. Zentral freilich ist die Einsicht in die bleibende Erwählung Israels, die Christen und Juden in einer besonderen Weise verbindet. Weil Gott die Juden nicht verstoßen hat und Christen und Juden gemeinsam von der Geschichte

---

gerungen werden müßte, und die vor allem imstande wäre, den verhängnisvollen Antisemitismus, der ... auch in der Geschichte der Christenheit sich tief eingegriffen hat, auszurotten." (zitiert von B. Klappert, Jesus Christus, a.a.O., S. 154.)

[118] Schon Martin Buber hatte dies im März 1930 während eines denkwürdigen Auftrittes auf einer Judenmissionskonferenz in Stuttgart gesagt: "Buber erklärte, daß ein wirklicher Dialog zwischen Juden und Christen so lange nicht möglich sein werde, wie Christen Judenmission betreiben." Vgl. J. Mehlhausen, Assimilation - Integration - Taufe..., EvTh 1994, S. 43.

Gottes mit ihnen und der Verheißung heilvoller Zukunft leben, ist das Verhältnis von Christen und Juden nicht wirklich in einer sog. judenmissionarischen Perspektive zu beschreiben. Auch die Christologie selbst unterstreicht dies; denn die Christusgeschichte ist das Treueereignis Gottes gegenüber seinem Volk.

Auf der anderen Seite muß aber präzisiert werden, was mit dieser Kritik an der Judenmission konkret gemeint ist. Eine pauschale „Absage an die Judenmission" zu formulieren stößt jedenfalls bei vielen Christen auf Irritationen, mit denen man sich auseinandersetzen muß. Ich nenne hier nur einige Probleme:

1. Die Kritik an der judenmissionarischen Praxis scheint manchmal zu unterstellen, daß missionarisches Zeugnis der Kirche als solches schon arrogante Anmaßung, Herabwürdigung von Menschen mit anderen religiösen Überzeugungen ist oder mit Übervorteilung und unlauteren Mitteln verbunden ist. Es ist nicht zu bestreiten, daß ein „Missionieren", das andere Menschen zu bloß negativ gesehenen Bekehrungsobjekten macht, abzulehnen ist - und im übrigen auch von der sog. Judenmission immer abgelehnt worden ist. Es ist aber doch zu fragen, ob diese Darstellung tatsächlich das Wesen von Mission - jedenfalls wie es die neuere Missionstheologie sieht - trifft.[119]

2. Kirche gründet sich auf die Offenbarung Gottes in Jesus Christus. Daß in Jesus Christus Heil für alle Menschen erschlossen ist, ist Zeugnis des Neuen Testamentes und Bekenntnis der Kirche durch die Jahrhunderte hindurch. Eine „Absage an die Judenmission" klingt für viele Christen wie ein Verbot, überhaupt noch von Christus, dem Grund ihres Glaubens und ihrer

---

[119] Nicht ganz zu Unrecht kommentiert W. Schweikhart: "Es kommt bei den Verfechtern des Dialogs hin und wieder vor, daß sie aus der Judenmission einen Popanz machen, eine von vornherein negativ zu bewertende Erscheinung, um die Mission umso besser ablehnen zu können." (a.a.O., S. 166 Anm. 197, mit Beispielen)

Hoffnung sprechen zu dürfen. Ein solches Sprechen von Jesus Christus - das christliche Zeugnis - zu verbieten, stellt sich für viele wie eine Absage an den christlichen Glauben selbst dar. Dies kann ja bei einer Absage an die Judenmission im Ernst nicht gemeint sein. Eine Präzisierung dieser Forderung ist deshalb notwendig.

3. Nicht unwichtig ist auch der Hinweis auf solche Juden, die Jesus Christus als Messias bekennen. Die Zahl dieser Judenchristen oder messianischen Juden ist zwar klein, aber doch signifikant. Während sie früher von der Kirche aus den Völkern gewissermaßen aufgesogen wurden und tatsächlich ihre jüdische Identität abstreiften, betonen sie heute eher ihre jüdischen Wurzeln, ihre Identität als Juden, ihr Festhalten an jüdischen Traditionen, ihre Solidarität mit dem Staat Israel usw. Hinwendung zum Glauben an Jesus als Messias bedeutet für diese Juden nicht Aufgabe ihrer jüdischen Identität; vielmehr geht es ihnen um eine Inkulturation des christlichen Glaubens in den jüdischen Kontext.[120] Eine „Absage an die Judenmission" kommt für viele einer Aufkündigung der Glaubensgemeinschaft mit solchen Juden gleich, die sich zu Jesus als dem Messias bekennen.

Unter Berücksichtigung dieser Abwägungen stellt sich die Frage der sog. Judenmission für mich folgendermaßen:

1. Der Begriff „Judenmission" ist als Zusammenfassung der Bestimmung der Beziehung von Christen zu Juden unangemessen.

---

[120] Zu den sog. Judenchristen oder messianischen Juden und ihrem Versuch, eine eigenständige, für die Kirche insgesamt wichtige judenchristliche Identität zu bewahren vgl. P. von der Osten-Sacken, Grundzüge, a.a.O., S. 144ff.; W. Schweikhart, a.a.O., S. 178ff.; K. Kjaer-Hansen/O. Chr. M. Kvarme, Messianische Juden. Judenchristen in Israel, Erlangen 1983 (2. Aufl.); K. Schäfer, a.a.O., S. 17.

Wie heute nicht mehr von „Heidenmission" gesprochen wird, sollte auch nicht mehr von „Judenmission" gesprochen werden. Der Begriff „Judenmission" diente in der Geschichte der Mission als Qualifizierung des besonderen Charakters der missionarischen Begegnung mit Juden. In der Unterscheidung von der „Heidenmission" sollte er die besondere Nähe von Christen und Juden und die Berücksichtigung der gemeinsamen Wurzel von Christen- und Judentum zum Ausdruck bringen. Heute verzerrt der Begriff sowohl diese besondere Nähe von Christen und Juden als auch eine angemessene Erkenntnis der missionarischen Dimension der Kirche.

2. Die Kirche hat seit dem Zweiten Weltkrieg nicht nur Entdeckungen im Blick auf die jüdisch-christlichen Beziehungen, sondern auch im Blick auf die Theologie der Mission gemacht. Grunderkenntnis seit den 50er Jahren war, daß Christen ihre Mission als Teilnahme an der Mission Gottes (missio Dei) in dieser Welt verstehen. Dieses Konzept der missio Dei besagt, daß Gott selbst in dieser Welt heilschaffend wirksam ist.

Das Konzept der missio Dei hat für das Verständnis der Mission der Kirche große Konsequenzen. Dies hier zu entfalten wäre ein eigenes Thema; dazu thesenartig ein paar Sätze:

Die Kirche versteht sich als ein Instrument der Mission Gottes in dieser Welt; die Kirche weiß aber, daß Gott auch außerhalb der Kirche in dieser Welt wirksam ist.

Christen erkennen Spuren des Handelns Gottes auch bei Menschen anderen Glaubens. Christen sind deshalb bereit, auch auf das Glaubenszeugnis von Menschen aus anderen Religionen zu hören und von ihnen zu lernen. Christen und Christinnen kommen von der Erfahrung der in Jesus Christus offenbarten Liebe Gottes her und suchen diese Erfahrung mit anderen zu teilen. Die einzige angemessene Kategorie der Begegnung mit

Menschen anderen Glaubens ist die Kategorie des Zeugnisses oder Bekenntnisses.

Die Mission der Kirche ist nicht von negativen Einstellungen zu Menschen anderen Glaubens oder von Überlegenheitsgefühlen her begründet, sondern wurzelt in der Mission Gottes selbst. Triumphalismus, Arroganz, Überheblichkeit gegenüber Menschen anderen Glaubens wie auch gegenüber anderen Religionen insgesamt sind unangemessen.

Der Handelnde in der Mission ist Gott selbst, der das christliche Zeugnis in der Kraft seines Geistes wirksam werden läßt; Manipulation, Anwendung von Zwang und jedwede Form von Druck auf Menschen sind abzulehnen.

Weil Christen ihre Existenz der Mission Gottes, dem Engagement Gottes in dieser Welt verdanken, und nicht sich selbst, ist ihre Haltung von Demut und Respekt geprägt.

3. Die mit dem Konzept der missio Dei verbundenen Einsichten qualifizieren die Begegnung von Christen mit Menschen anderen Glaubens. Im Blick auf die christlich-jüdische Beziehung gewinnen diese Erkenntnisse aber noch eine sehr spezifische Zuspitzung. Christen wissen, auch aufgrund der Christusgeschichte, daß Gott, der selbst als Missionar in der Geschichte der Menschen wirksam ist, eine besondere Geschichte mit dem jüdischen Volk hat, die er auch weiterführt. Christen können nicht anders als diese Geschichte anzuerkennen und Gottes Wirksamkeit im Blick auf das jüdische Volk und seine Treue zu Israel dankbar zu bekennen und Gott darüber zu loben. Sie werden zwar auch im Gespräch mit jüdischen Menschen ihren christlichen Glauben bekennen, aber doch sehen, daß Gott seine Mission an Israel selbst weiterführt. In einer Formulierung von Hans-Werner Gensichen: Christen sehen das Judentum in der Dimension der

Mission Gottes, sehen aber von einer missionarischen Intention - d.h. einer Mission der Kirche - gegenüber dem Judentum ab.[121]

4. Sieht man die Geschichte des jüdischen Volkes in seiner Gottesbeziehung in der universalen Mission Gottes begründet, so wird man auch von einer Teilhabe der Juden an der Mission Gottes und insofern vom Zeugnis des Judentums gegenüber der Welt - und auch gegenüber der Kirche - sprechen. Gemeinsam sind sie Zeugen ihrer jeweiligen Gottesgeschichte; gemeinsam haben sie einen Auftrag, die Welt und Menschheit auf das Heil Gottes, das kommende Reich der Herrlichkeit hinzuweisen. Auch das Judentum hat so, wie Leo Baeck eindrucksvoll gezeigt hat, eine Mission an die Welt.[122]

Insofern wird man zusammenfassend von einer je eigenen Teilhabe der Christen und Juden an der Mission Gottes in dieser Welt sprechen. Dies schließt gewiß auch das Zeugnis ihres jeweiligen Glaubens voreinander ein wie auch das Hören auf das Zeugnis des Anderen.

Das christliche Zeugnis wird auch in der jüdisch-christlichen Begegnung seinen Platz haben.[123] Wichtig ist dabei aber die Einsicht, daß der Name Jesus Christus für die Juden jahrhundertelang ein Name des Schreckens gewesen ist, der mit Verfolgung und Feindschaft, Vertreibung und Mord assoziiert worden ist. Christliches Zeugnis heute kann nur so geschehen, daß Juden durch Christen erleben, daß der Name Jesu Christi auch

---

[121] Zu den grundlegenden Kategorien von "Dimension" und "Intention" vgl. H.-W. Gensichen, Glaube für die Welt. Theologische Aspekte der Mission, Gütersloh 1971, S. 80ff.; zum Judentum vgl. ebd., S. 233ff.

[122] Im allgemeinen scheuen Juden sich heute, von einer Mission des Judentums zu sprechen. Vgl. aber das 1906 erschienene Buch von Leo Baeck, Das Wesen des Judentums, Wiesbaden 1995 (6. Auflage der Neuausgabe), S. 54. 66. 77ff. 287. 290. 304f. 309.

[123] Dies ist auch von solchen christlichen Theologen, die sich dezidiert gegen "Judenmission" aussprechen, i.d.R. stets festgehalten worden.

Heil für Israel bedeutet, Respektierung, Barmherzigkeit, Gemeinschaft und Solidarität.

Christliches Zeugnis heute

Vielleicht kann man abschließend an einem Beispiel konkret machen, was solches christliches Zeugnis gegenüber den Juden heute tatsächlich bedeutet:

Gerrard Breitbart berichtete als Vertreter des Zentralrats der Juden in Deutschland in einem Grußwort vor der EKD-Synode in Friedrichshafen im November 1995, daß die Juden in Deutschland „heute vor einer der größten Herausforderungen nach 1945" stehen. Diese Herausforderung betrifft den „Zuwachs von jüdischen Menschen aus der ehemaligen Sowjetunion, die zu uns kommen - bisher rund 34.000 Menschen, weitere werden erwartet". Die jüdischen Menschen sind angewiesen auf soziale, aber auch auf religiöse und kulturelle Integration in die jüdischen Gemeinden hier in Deutschland. „Die jüdischen Gemeinden sind heute gefordert, diese Menschen, die 70 Jahre ihrer Religion total entwöhnt waren, in ein jüdisches Leben neu zu integrieren. Die Neuzuwanderer stoßen heute auf eine eingesessene jüdische Generation in Deutschland, die natürlich ganz andere kulturelljüdische Vorstellungen hat. Und so entstehen in vielen jüdischen Gemeinden auch innerlich Probleme, die wir bewältigen müssen."[124]

Was heißt christliches Zeugnis gegenüber dem Judentum angesichts dieser Situation? Was bedeutet, ihnen in dieser Lage Erfahrung von Heil, von Barmherzigkeit, Solidarität und Schutz zu gewähren? Was bedeutet messianisches Heil in diesem Kontext? - Ich meine, es bedeutet, diesen jüdischen Menschen zu helfen, ihre

---

[124] Aus dem Grußwort des Zentralrates der Juden in Deutschland, Prof. Dr. Gerrard Breitbart; Büro der Synode, Drucksache Nr. XX/10, 6. Tagung der 8. Synode der EKD in Friedrichshafen, Nov. 1995.

eigene Identität zu finden, zu leben und zu gestalten. Indem man dies tut, gibt man wahrhaftig Zeugnis von Jesus Christus. Denn nur so wird das Heil für Israel, über das der Lobgesang des Zacharias - das Benediktus - in Lk. 1 so wunderbar singt, für das Judentum heute erfahrbar:

Gepriesen sei der Herr, der Gott Israels!
Denn er hat sein Volk besucht und ihm Erlösung geschaffen;
er hat uns einen starken Retter erweckt
im Hause seines Knechtes David.
So hat er verheißen von alters her
durch den Mund seiner heiligen Propheten.
Er hat uns errettet vor unseren Feinden
und aus der Hand aller, die uns hassen,
er hat das Erbarmen mit den Vätern an uns vollendet
und an seinen heiligen Bund gedacht,
an den Eid, den er unserm Vater Abraham geschworen hat;
er hat uns geschenkt, daß wir, aus Feindeshand befreit,
ihm furchtlos dienen in Heiligkeit und Gerechtigkeit vor seinem Angesicht all unsere Tage..." (Lk. 1,68ff.)

Erst wenn das Judentum die Kirche und die Christen nicht mehr als Bedrohung, sondern als solidarische Gemeinschaft erlebt, hat der kirchliche Lernprozeß wirklich Früchte getragen.

Dokumentation

Absage an die Judenmission

Eine Erklärung des Vorstandes der Gesellschaft für christlich-jüdische Zusammenarbeit e.V. in Hamburg vom 20.Februar 1995:

1. Den fruchtbaren Begegnungen von Juden und Christen steht noch immer insbesondere ein Hindernis im Wege: Die Kirchen haben bisher noch nicht ein klares, eindeutiges und von Autorität gestütztes Nein zur Mission unter Juden gesprochen.

Gewiß nähern sich einzelne Kirchen, Gruppen oder Persönlichkeiten mit unterschiedlicher Deutlichkeit einer solchen Absage. Die Synode der Evangelischen Kirche im Rheinland bekannte sich 1980 zur „Treue Gottes, der an der Erwählung seines Volkes Israel festhält". „Wir glauben, daß die Juden und Christen je in ihrer Berufung Zeugen Gottes vor der Welt und voreinander sind". Ähnlich äußerte sich eine Reihe anderer Landeskirchen. Die Position schließt Judenmission jedoch noch nicht ausdrücklich aus. Der Gesprächskreis „Juden und Christen" des Zentralkomitees der Deutschen Katholiken erklärte 1979, es sei „Juden und Christen grundsätzlich verwehrt, den anderen zur Untreue gegenüber dem an ihn ergangenen Ruf Gottes bewegen zu wollen". Doch hat diese Äußerung keinen lehramtlichen Rang. Der evangelische „Zentralverein für Zeugnis und Dienst unter Juden und Christen" hat 1992 ein klares Nein gegen die Judenmission formuliert. Doch wird dies unter anderem vom Nordelbischen Mitgliedsverein nicht mitgetragen. Obendrein hat sich noch keine Kirchenleitung oder Synode das Nein zu eigen gemacht.

Dieses Zögern und die Uneindeutigkeit kirchlicher Äußerungen belasten die christlich-jüdische Partnerschaft außerordentlich. Die Begegnung von Juden und Christen kann nur dann anhaltend vertrauensvoll und fruchtbar sein, wenn jegliche, auch verborgene Absicht der Missionierung von Juden ausgeschlossen ist.

2. Die Kirchen fordern dazu auf, jeglichen Antisemitismus, der in den vergangenen Jahren immer wieder Auftrieb bekommen hat, nach Kräften zu bekämpfen. Doch gerät auch der Einsatz gegen den Antisemitismus in ein Zwielicht, wenn einige Gruppen und Repräsentanten in den Kirchen ein Nein zur Judenmission offen oder verhüllt ablehnen. Judenmission wird von Juden als schroffe Bedrohung ihrer Existenz erlebt. Das ist nach den Erfahrungen der vergangenen Jahrhunderte und zumal der Schoa nur zu verstehen. Nur wenn

die Kirchen ein klares Nein sagen zur Judenmission, ist ihr Kampf gegen Antijudaismus in der Kirche und gegen jede Form von Antisemitismus in der Gesellschaft wirklich glaubhaft.

3. Judenmission ist nicht nur historisch obsolet geworden, sie steht auch im Widerstreit zu biblischen Befunden. Der Missionsbefehl Mt.28,19f besagt, die Jünger werden ausgesandt, den Heiden-Völkern in aller Welt Jesu Lehre, seine Auslegung der Tora zu bringen, das heißt, nicht den Juden, die die Tora ja bereits besitzen und hüten. Dies ist zu unterstreichen; nur so wird man der Einsicht gerecht, daß Jesus ein jüdischer Lehrer der Tora gewesen ist.

4. So ergibt sich aus theologischen, historischen wie politischen Gründen gleichermaßen die Forderung nach einer kirchlichen Entscheidung gegen Judenmission, die keinen Zweifel aufkommen läßt: Judenmission, also das methodische, organisierte und absichtsvolle Bemühen der Christen, Juden von der jüdischen Religion abzubringen, soll nicht sein.

5. Der Vorstand der Gesellschaft für christlich-jüdische Zusammenarbeit e.V. in Hamburg fordert alle christlichen Kirchen in Hamburg, ihre verantwortlichen Leiter und Gremien dazu auf, sich eindeutig neben die in unserer Mitte lebenden Juden und jüdischen Gemeinden zu stellen und öffentlich zu erklären, daß eine „Mission unter Israel" mit dem christlichen Glauben nicht zu vereinbaren ist.

Der Vorstand regt zugleich an, in den Kirchen einen intensiven Meinungsbildungsprozeß einzuleiten, der einen Konsens über die Ablehnung der Judenmission herbeiführen kann.

Zahlreiche Landeskirchen haben in den letzten Jahren ihre theologische Position zu Israel neu formuliert.

So hat die **Pfälzische Landeskirche** nach intensiver Vorarbeit eines Arbeitskreises am 10.Mai 1995 ohne Gegenstimme folgende Ergänzung zur Verfassung beschlossen:

„Durch ihren Herrn Jesus Christus weiß sie sich hineingenommen in die Verheißungsgeschichte Gottes mit seinem erst erwählten Volk Israel - zum Heil für alle Menschen. Zur Umkehr gerufen, sucht sie Versöhnung mit dem jüdischen Volk und tritt jeder Form von Judenfeindschaft entgegen"

Die 21. Landessynode der **Evangelisch-Lutherischen Landeskirche Hannovers** nahm im November 1995 folgenden Beschluß an:

Die Landessynode der Evangelisch-Lutherischen Landeskirche Hannovers nimmt in Übereinstimmung mit den anderen kirchenleitenden Organen das Arbeitsergebnis des Sonderausschusses „Kirche und Judentum" dankbar entgegen. Die Landessynode unterstreicht die folgenden zentralen Aussagen des Arbeitsergebnisses.

„Wir beklagen die Schuld unserer Kirche an den Juden. Die Fehler und Versäumnisse belasten bis heute die Glaubwürdigkeit unseres Zeugnisses. Sie verpflichten uns, unsere Beziehungen zu Juden und zum Judentum neu zu bedenken und zu gestalten.

Angesichts der Schuld unserer Kirche in der NS-Zeit und erschrocken über die Wirkungsgeschichte der antijüdischen Vorurteile in der Christenheit sind wir dankbar für den Ertrag der bisherigen Bemühungen um ein neues Verständnis des Judentums und unseres Verhältnisses zu Juden.

Dankbar sind wir auch dafür, daß nach Auschwitz jüdische Menschen sich bereitgefunden haben, mit uns gemeinsam die Schrift zu lesen. Diesem gemeinsamen Lesen und dem eigenen neuen Hören auf die Schrift verdanken wir wichtige Einsichten.

So sind wir an die bleibende Verbundenheit von Juden und Christen gewiesen worden und haben gelernt, daß die Voraussetzungen des christlichen Antijudaismus unhaltbar sind. Gott hat seinen Bund mit Israel nicht gekündigt und sein Volk nicht verworfen, seine Erwählung bleibt bestehen.

Die Lehren aus der judenfeindlichen Geschichte der Christen zu ziehen und Theologie und kirchliche Praxis vor dem Horizont der bleibenden Verbundenheit von Juden und Christen zu erneuern, muß Anliegen unserer Landeskirche als Ganzer sein."

Der Weg einer Neuorientierung ist noch nicht zu Ende gegangen; viele Fragen sind noch zu klären. Das gilt auch für manche Aussagen im vorliegenden Arbeitsergebnis. Insbesondere über folgende offene Fragen ist ein intensives weiterführendes Gespräch erforderlich:

A.) Wie können die jüdischen Wurzeln des christlichen Glaubens und die positiven Aspekte der Beziehungen von Christen und Juden stärker als bisher herausgestellt werden?

B.) Wie ist nach dem Zeugnis des Neuen Testamentes zu deuten, daß Gott sich zum einen eine Kirche aus Juden und Heiden berufen hat und beruft und zum anderen an seiner Erwählung gegenüber seinem Volk Israel festhält und in Treue zu ihm steht?

C.) In welcher Weise können Christen und Christinnen ihren Glauben bezeugen, daß ihr Heil und das Heil aller Menschen in Jesus Christus erschienen ist, und zugleich einen offenen Dialog mit Juden und Jüdinnen führen?

D.) Was bedeutet es für das christlich-jüdische Gespräch, daß beide Seiten die hebräische Bibel, das Alte Testament, gemeinsam haben, aber dieselben Texte unterschiedlich auslegen und verstehen?

Die folgenden Beschlüsse der Landessynode sollen das notwendige Gespräch anregen und voranbringen:

1. Die Landessynode wendet sich an die Kirchengemeinden, Kirchenkreise, Pfarr- und Mitarbeiterkonferenzen, an die Einrichtungen der Landeskirche, insbesondere an die für Aus-, Fort- und Weiterbildung, und bittet sie, das Arbeitsergebnis des Sonderausschusses sorgfältig zu beraten, die darin enthaltenen Anregungen aufzunehmen und Konsequenzen für die kirchliche Praxis zu ziehen.

2. Die Landessynode bittet das Landeskirchenamt, alle für Aus-, Fort- und Weiterbildung in der Landeskirche Verantwortlichen zu einer Tagung zusammenzuführen, bei der die Folgerungen beraten werden, die sich aus dem Arbeitsergebnis für die Bildungsarbeit der Kirche ergeben, und dem Landessynodalausschuß zu berichten.

3. Die Landessynode bittet den Kirchensenat, geeignete Schritte zu unternehmen, um die Geschichte der Ev.-Luth. Landeskirche Hannovers während der NS-Zeit sorgfältig und kritisch zu erforschen und zu dokumentieren.

4. Die Landessynode bittet die Kirchengemeinden und kirchlichen Einrichtungen, ihre Geschichte in der NS-Zeit zu erforschen und zu dokumentieren und sich an der Spurensuche nach früherem jüdischen Leben zu beteiligen und dahingehende Bemühungen zu unterstützen.

5. Die Landessynode bittet alle in der Ev.-Luth. Landeskirche Hannovers Verantwortlichen und die Kirchengemeinden und Einrichtungen, gegen den latenten Antisemitismus zu arbeiten und gegen jeden wieder aufkeimenden Antisemitismus entschlossen aufzutreten.

6. Die Landessynode bittet die Kirchengemeinden, Begegnungen und Gespräche zwischen Juden und Christen, wo immer es möglich ist, zu suchen und zu fördern. Sie ist dankbar dafür, daß nach den Verbrechen des Holocaust solche Begegnungen und Gespräche möglich geworden sind und daß Schritte aufeinander zu getan werden konnten. Sie hofft auf eine gute Nachbarschaft zwischen Kirchen- und Synagogengemeinden, in der die Verbundenheit von Juden und Christen sichtbar werden kann.

Autorenverzeichnis:

Henneke Gülzow, geboren 1938, verstorben 1997, war Professor für Kirchen- und Dogmengeschichte an der Universität Hamburg.

Dr. Siegfried von Kortzfleisch, geboten 1929, Theologe und Publizist, Vorsitzender der Gesellschaft für Christlich-Jüdische Zusammenarbeit in Hamburg e.V.

Ralf Meister-Karanikas, geboren 1962, Pastor in der Rundfunkarbeit, Vorstandsmitglied der Gesellschaft für Christlich-Jüdische Zusammenarbeit in Hamburg e.V.

Tiemo Rainer Peters O.P., geboren 1938, Dr. theol., lehrt Systematische Theologie an der Universität Münster.

Klaus Schäfer, geboren 1953, Dr. theol., Referent für theologische und missiologische Grundsatzfragen im Evangelischen Missionswerk in Deutschland, Hamburg.

Berndt Schaller, geboren 1930, Dr.theol., lehrt Judaistik und Neues Testament am Fachbereich Theologie der Universität Göttingen.

Erich Zenger, geboren 1939, ist Professor für Exegese des Alten Testaments an der Universität Münster.

Aus dem gleichen Verlag:

Hanna Lehming (Hg.)
Jüdische Denker im 20.Jahrhundert
mit einem Vorwort von Eveline Goodman-Thau

Der Band dokumentiert eine von der Evangelischen Akademie Nordelbien veranstaltete Vortragsreihe. Namhafte Autoren, unter ihnen Micha Brumlik, Albert Friedlander, Michael Brocke und Jan Philipp Reemtsma portraitieren die wichtigsten jüdischen Denker dieses Jahrhunderts und führen in ihr Denken ein. Der Band enthält Beiträge über Leo Baeck, Theodor W.Adorno und Max Horkheimer, Walter Benjamin, Gerschom Scholem, Franz Rosenzweig, Martin Buber, Abraham J.Heschel, Yeschajahu Leibovitz, Emmanuel Lévinas und Hannah Arendt.

ca. 200 Seiten, ISBN 3-930826-17-8